FOREIGN-RELATED

INDIVIDUAL

INCOME TAX

Interpretation of the New Policy
and Practical Case Studies

涉外个人所得税

新政详解与实务案例

孙彤◎编著　任宇◎审定

中国市场出版社
China Market Press
·北 京·

图书在版编目（CIP）数据

涉外个人所得税：新政详解与实务案例 / 孙彤编著. — 北京：中国市场出版社有限公司，2020.4

ISBN 978-7-5092-1916-4

Ⅰ. ①涉… Ⅱ. ①孙… Ⅲ. ①涉外税收-个人所得税-税收管理-研究-中国 Ⅳ. ①F812.424

中国版本图书馆CIP数据核字（2020）第039507号

涉外个人所得税：新政详解与实务案例

SHEWAI GERENSUODESHUI：XINZHENG XIANGJIE YU SHIWU ANLI

编　　著 孙　彤
审　　定 任　宇
责任编辑 钱　伟　张　瑶（zhangyao9903@126.com）
出版发行 中国市场出版社 China Market Press
社　　址 北京月坛北小街2号院3号楼　　**邮政编码** 100837
电　　话 编 辑 部（010）68032104　读者服务部（010）68022950
发 行 部（010）68021338　68020340　68053489
68024335　68033577　68033539
总 编 室（010）68020336
盗版举报（010）68020336
印　　刷 河北鑫兆源印刷有限公司
规　　格 170mm×240mm　16开本　　**版　　次** 2020年4月第1版
印　　张 18.75　　**印　　次** 2020年4月第1次印刷
字　　数 205千字　　**定　　价** 78.00元
书　　号 ISBN 978-7-5092-1916-4

代推荐序

PREFACE

一本"钻"出来的书

孙彤是我师姐，以慕容晓为笔名。这是我给出的建议——我很荣幸，她采纳了我的建议。作为定位理论的痴迷者，我经常向身边的朋友介绍定位理论，作为师姐的孙彤，当然难以"幸免"。

在基层税务机关从事税政工作的孙彤，一直在寻寻觅觅，希望能够定位到某个"有前途"的税收领域进行深入研究，从而验证一下，我向她反复推荐的定位理论能否在她身上开花结果。当她发来书稿嘱我写序的时候，我欣喜地发现，世界上似乎又多了一个定位理论的受益者。

说到这里，我想借此机会再次介绍一下定位理论。该理论由美国著名营销专家艾·里斯（Al Ries）与杰克·特劳特（Jack Trout）于 20

世纪 70 年代提出。里斯和特劳特认为，定位要从一个产品开始，那产品可能是一种商品、一项服务、一个机构，甚至是一个人。定位的目的，就在于占据客户的心智资源。说白了，让你一有某种需求，就会想起一个商品，或者一项服务，或者一个人。大家常见的情形就是，一旦发现自己上火了，就很自然地会想到王老吉。我对孙彤的建议，就是通过不懈的努力，成为个税领域实务研究的“王老吉”——显然，她差不多已经做到了。

在我的印象中，孙彤是一个聪明而又非常好学的人。在找准自己的定位之前，她一直在观察和思考，并在不断地学习和积累——她就是这样的个性：不会轻易选择目标，一旦选定了就会钻进去，穷追不舍。

近年来，个税改革逐渐进入深水区，原来“波澜不惊”的个税，似乎一下子“女大十八变”，备受瞩目。与此同时，随着我国国际地位的提升，“走进来”的外籍个人和“走出去”的居民个人越来越多，个税的涉外色彩越来越浓厚。而且要搞懂涉外个税，往往还要有外语功底，更是让很多人望而却步。正是在这样的情况下，孙彤一头扎进去开始了研究。

有一次，我们在闲聊中谈起个税改革的问题，孙彤滔滔不绝地讲了很多对个税法规条款的见解，分析了她在实务中遇到的精彩案例，并分享了学员在她授课时提出的有意思的问题。那时我突然发现，孙彤已经成了涉外个税方面的专家。从此，我与同事在工作中一旦遇到个税方面的问题，特别是涉外个税方面的问题，就会向她请教，她当然也会做出非常专业的、通俗易懂的解答。当收到个税方面的文章时，我们也很乐意交给她盲审。让我们非常放心的是，每次审稿，她都非常认真，并提出很有建设性的意见。当我们把她的意见转达给作者时，也总是能够得到作者的充分认可。

个人所得税税改之际，孙彤被借调到国家税务总局所得税司，工作了很长一段时间。由于我们离得很近，得以经常有机会讨论一些专业问题。从她的谈吐中，我能明显地感觉到，她对涉外税收问题的研究非常深入。我在外地出差期间，总能听到有人评价孙彤老师讲的课如何如何精彩，惊讶之余，也由衷地为她的进步感到高兴。

后来我才知道，作为两个孩子的妈妈，这些年为了研究个税政策，孙彤经常学习到深夜，甚至凌晨三四点。仔细阅读她的书稿，我也能体会到她默默付出的艰苦努力，并对她的敬业精神表示钦佩。我想，读完这本书，当你今后再遇到涉外个税问题时，就会很自然地想到涉外个税问题专家慕容晓，也就是孙彤。

是为序。

中国税务报社资深记者

中国大企业税收研究所常务副所长

张 剀

2020 年 2 月 20 日

序言 PREFACE

2018年8月31日，第十三届全国人民代表大会常务委员会第五次会议通过了《全国人民代表大会常务委员会关于修改〈中华人民共和国个人所得税法〉的决定》，同日，国家主席习近平签署第9号主席令予以公布，自2019年1月1日起施行。

新的《中华人民共和国个人所得税法》将居民个人的时间判定标准由境内居住满一年调整为满183天，发生了较大的变化；为了吸引外资和鼓励外籍人员来华工作，促进对外交流，新的《中华人民共和国个人所得税法实施条例》保留了原税制下对无住所个人的减免优惠条款。由于税制模式的变化，财政部、国家税务总局陆续发布了《财政部 税务总局关于在中国境内无住所的个人居住时间判定标准的公告》（财政部 税务总局公告2019年第34号）、《财政部 税务总局关于非居民个人和无住所居民个人有关个人所得税政策的公告》（财政部 税务总局公告2019年第35号）、《财政部 税务总局关于境外所得有关个人所得税政策的公告》（财政部 税务总局公告2020年第3号）等多个涉外个人所得税文件。

在新税制全面落地实施、涉外个人所得税政策内容发生较大变化之际，为了方便税务机关、中介机构以及企业财务人员等财税同仁深入理解新税制下的涉外个人所得税的相关政策，身为国家税务总局个人所得税税改组成员的我撰写了本书。

本书共9章，涉及纳税人、纳税义务的判断、所得来源地的判定、无住所个人收入额及税款的计算、数月奖金或股权激励所得的特殊规定、无住所高管人员的特殊规定、税收协定的适用、无住所个人的征管规定、境外所得相关规定等内容，以政策解析与案例分析相结合的方式系统阐述了新个人所得税制下涉外个人所得税的相关政策体系。

本书紧跟税收新政变化点，结合案例对涉外个人所得税实务中的重点难点问题进行了深入剖析，是一本针对性、专业性很强的融政策与实务于一体的涉外个人所得税工具书。

由于时间仓促，本书难免有所疏漏，恳请各位读者批评指正，提出宝贵意见。

孙　彤

目录

CONTENTS

第六章　关于无住所高管人员的特殊规定

第七章　税收协定的适用

第八章　无住所个人的征管规定

附 录

FOREIGN-RELATED
Individual Income Tax

第一章
纳税人

此前，在旧税制下的个人所得税管理实践中，对纳税人也进行了居民个人与非居民个人的划分，但这两个概念一直未写入税法，本次税改将居民个人和非居民个人的概念写入了《中华人民共和国所得税法》（以下简称《个人所得税法》）。居民个人和非居民个人在纳税义务、计税方式等方面都有较大的区别，因此，如何对居民个人和非居民个人进行划分就显得至关重要。本章将对居民个人和非居民个人的判定标准进行详细解析。

一、居民身份概述

《个人所得税法》将我国个人所得税纳税人分为居民个人和非居民个人。

根据《个人所得税法》第一条的规定，在中国境内有住所，或者无住所而一个纳税年度内在中国境内居住累计满183天的个人，为居民个人。居民个人从中国境内和境外取得的所得，依照该法规定缴纳个人所得税。

在中国境内无住所又不居住，或者无住所而一个纳税年度内在中国境内居住累计不满183天的个人，为非居民个人。非居民个人从中国境内取得的所得，依照该法规定缴纳个人所得税。

纳税年度，自公历1月1日起至12月31日止。

居民个人与非居民个人的比较如表1-1所示。

表1-1 居民纳税人与非居民纳税人的比较

纳税人类别	承担的纳税义务	判定标准
居民纳税人	承担无限纳税义务。其境内所得和境外所得，都要在中国境内缴纳个人所得税	在中国境内有住所，或者无住所而一个纳税年度内在中国境内居住累计满183天
非居民纳税人	承担有限纳税义务。仅就其来源于中国境内的所得，在中国境内缴纳个人所得税	在中国境内无住所又不居住，或者无住所而一个纳税年度内在中国境内居住累计不满183天

这里我们也需要注意，无住所个人构成居民个人的，《中华人民共和国个人所得税法实施条例》（以下简称《个人所得税法实施条例》）和《财政部 国家税务总局关于非居民个人和无住所居民个人有关个人所得税政策的公告》（财政部 税务总局公告2019年第35号），对其纳税义务进行了适当放宽。

居民个人与非居民个人的判定标准，主要包括以下两点：

（1）在我国境内是否有住所；

（2）在我国境内的居住时间。

二、住所对居民身份的影响

在对居民个人身份进行判断时，其是否在我国境内有住所是第一判断标准。如果该个人在我国境内有住所，就不用再看其年度内在我国境内的居住天数，可以直接认定为我国的居民纳税人。

《个人所得税法实施条例》第二条规定，个人所得税法所称在中国境内有住所，是指因户籍、家庭、经济利益关系而在中国境内习惯性居住。可见，住所可以理解为是由于户籍、家庭、经济利益关系的原因，而导致在中国境内习惯性居住的结果，这里更加强调是否构成在中国境内习惯性居住的结果。

对于这一问题，《财政部税政司 税务总局所得税司 税务总局国际税务司关于非居民个人和无住所居民个人有关个人所得税政策问题的解答》中的第一问做出了进一步解释：

问：在中国境内有住所个人的“住所”是如何判定的？

答：税法上所称“住所”是一个特定概念，不等同于实物意义上的住房。按照个人所得税法实施条例第二条规定，在境内有住所的个人，是指因户籍、家庭、经济利益关系而在境内习惯性居住的个人。习惯性居住是判定纳税人是居民个人还是非居民个人的一个法律意义上的标准，并不是指实际的居住地或者在某一个特定时期内的居住地。对于因学习、工作、探亲、旅游等原因而在境外居住，在这些原因消除后仍然回到中国境内居住的个人，则中国为该纳税人的习惯性居住地，即该个人属于在中国境内有住所。

对于境外个人仅因学习、工作、探亲、旅游等原因而在中国境内居住，待上述原因消除后该境外个人仍然回到境外居住的，其习惯性居住地不在境内，即使该境外个人在境内购买住房，也不会被认定为境内有住所的个人。

由此我们可以看出，对于个人仅因学习、工作、探亲、旅游等原因而在中国境外居住，待上述原因消除后该个人仍然回到境内居住的，其习惯性居住地不在境外，即使该个人在境外购买住房，也不会被认定为境外有住所的个人，我们仍然认为其在我国境内有住所，也就是我国的居民个人。反之，对于外籍个人仅因学习、工作、探亲、旅游等原因而在中国境内居住，待上述原因消除后该外籍个人仍然回到境外居住的，其习惯性居住地不在境内，即使该外籍个人在我国境内购买住房，只要不形成习惯性居住，也不会被认定为境内有住所的个人。

从政策规定和国家税务总局的解读中可以看出，在新旧税法下，对于“住所”的概念及理解并没有变化。早在1994年,《国家税务总局关于印发征收个人所得税若干问题的规定的通知》(国税发〔1994〕89号）就对如何掌握“习惯性居住”的问题做出了解释：“条例第二条规定，在中国境内有住所的个人，是指因户籍、家庭、经济利益关系而在中国境内习惯性居住的个人。所谓习惯性居住，是判定纳税义务人是居民或非居民的一个法律意义上的标准，不是指实际居住或在某一个特定时期内的居住地。如因学习、工作、探亲、旅游等而在中国境外居住的，在其原因消除之后，必须回到中国境内居住的个人，则中国即为该纳税人习惯性居住地。”

我们举例说明。

INDIVIDUAL INCOME TAX 案例 1-1

中建某局派遣其本公司员工张先生到哈萨克斯坦参与某项建筑工程建设，时间自 2019 年 1 月 1 日至 2024 年 12 月 31 日，共 5 年。中建某局在哈萨克斯坦为张先生解决住房。虽然张先生长时间居住在哈萨克斯坦，并且在哈萨克斯坦也有住房，但是由于张先生是因工作原因在哈萨克斯居住、生活、工作的，等工作原因消除，也就是派遣结束之后，张先生还是要回到我国境内居住的，所以张先生的习惯居住地为中国，即使其派遣在外期间，仍认定其在我国境内有住所，为我国的居民纳税人。

我们需要了解，住所不等于住房，也不等于国籍。判断是否在中国境内有“住所”，习惯性居住是关键。习惯性居住是一种状态，考察过去、现在和未来的个人居住地意愿，近似于定居的概念。在实际进行判断时，我们首先会考虑户籍，在没有户籍的情况下主要依据以下三点进行判断。

（1）在我国境内实际停留天数。这个停留天数不是指 183 天，而是一个定性的概念，就是说该个人在我国境内停留了足够长的时间，并且未来也有在我国长久居住的意愿。

（2）家庭成员在我国境内停留的人数。比如一个德国人在我国境内工作生活，同时将他的妻子，孩子，父母都接到了中国，这在一定程度上显示出其在中国定居的意愿。因此，家庭成员在我国境内停留的人数也是判断其在我国境内有住所的重要标准。

（3）个人或者家庭财产、所得在我国境内的分布情况。也就是国家税务总局解读以及国税发〔1994〕089号文件所称的经济利益，主要看该个人的不动产、投资等经济利益是否大多来源于中国境内。

我们举例说明。

INDIVIDUAL INCOME TAX **案例 1-2**

20世纪80年代末因让球风波离开中国、远嫁日本的著名乒乓球女运动员何智丽，后来加入了日本国籍，改名小山智丽，并于1992年复出。在1994年广岛亚运会上，她接连击败名将陈静、乔红和邓亚萍，夺得乒乓球女子单打冠军，这在当时的中国引起了不小的轰动。如果当年何智丽离开中国后，在中国的住房没有卖，但她已打算在日本定居，也就是说她的习惯性居住地已变为日本，我们就不能认为她在我国境内有“住所”。

INDIVIDUAL INCOME TAX **案例 1-3**

一个意大利人，虽然在中国没有户籍，但在中国已经居住了近十年，娶了个中国妻子，在中国生儿育女，并且他的房产和相关基金投资也主要在中国境内。根据以上情况，我们可以认为其在中国境内有“住所”。

关于住所的解释，很多人认为政策规定较为原则，不够清晰，这是因为对于住所的判断，实际征管情形较为复杂，国际上大多对其也是原则性的规定，或者是举例式的规定，但都不能穷尽所有情形。

三、居住天数对居民身份的影响

对于在我国境内无住所个人，还要结合其一个纳税年度内在我国境内的居住天数来判断是否构成我国居民个人身份。根据《个人所得税法》第一条的规定，在中国境内无住所而一个纳税年度内在中国境内居住累计满 183 天的个人，为居民个人。在中国境内无住所又不居住，或者无住所而一个纳税年度内在中国境内居住累计不满 183 天的个人，为非居民个人。

关于对无住所个人满足居民身份条件的判定条件，新旧税制只有一处变化较大。根据旧《个人所得税法》的规定，在中国境内有住所，或者无住所而在境内居住满一年的个人，从中国境内和境外取得的所得，依照该法规定缴纳个人所得税。在中国境内无住所又不居住或者无住所而在境内居住不满一年的个人，从中国境内取得的所得，依照该法规定缴纳个人所得税。

旧《个人所得税法实施条例》进一步明确，税法所说的在境内居住满一年，是指在一个纳税年度中在中国境内居住 365 日。临时离境的，不扣减日数。上述所说的临时离境，是指在一个纳税年度中一次不超过

30 日或者多次累计不超过 90 日的离境。

本次税改将无住所个人判定为居民个人的时间标准由来华满一年修改为一个纳税年度内满 183 天。同时需要注意，根据《财政部 税务总局关于在中国境内无住所的个人居住时间判定标准的公告》（财政部 税务总局公告 2019 年第 34 号）的规定，无住所个人一个纳税年度内在中国境内累计居住天数，按照个人在中国境内累计停留的天数计算。在中国境内停留的当天满 24 小时的，计入中国境内居住天数，在中国境内停留的当天不足 24 小时的，不计入中国境内居住天数。也就是说，对于居住天数的判定，出境当天和入境当天在新税制下均不计为一天，这一点我们将在第二章中进行详细讲解。

综合来看，如果一个纳税人在我国境内没有住所，但是一个纳税年度内在我国境内居住天数累计达到了 183 天，就构成了本年度的我国居民个人。因此可以说，无住所个人在新税制下更容易满足我国居民个人的条件。

我们举例说明。

INDIVIDUAL INCOME TAX 案例 1-4

外籍个人泰勒是我国的无住所个人，其一个纳税年度内自 1 月 1 日至 9 月 1 日均在我国境内居住。如果在旧个人所得税税制下，泰勒在该纳税年度的离境天数已超过 90 日，因此需要扣减在华居住天数，其在中国境内居住天数不满一年，也就不构成我国的居民个人。而在新税制下，泰勒一个纳税年度内在我国居住天数达到了 183 天，直接就构成了我国的居民个人。

这里还需要注意关于纳税年度的规定。根据《个人所得税法》第一条的规定，纳税年度是指自公历 1 月 1 日起至 12 月 31 日止。也就是说，我们所说的纳税年度是指公历年度。这一点和部分税收协定的相关规定是有区别的，大多数税收协定的规定通常是“任意连续 12 个月居住满 183 天”。

我们举例说明。

INDIVIDUAL INCOME TAX **案例 1–5**

来自英国的无住所个人凯特女士 2019 年 10 月 1 日来华，2020 年 5 月 1 日离华。根据《个人所得税法》进行判断，凯特女士 2019 年 1 月 1 日至 2019 年 12 月 31 日在我国的居住天数仅有 10 月 1 日至 12 月 31 日，不足 183 天；其 2020 年 1 月 1 日至 2020 年 12 月 31 日在我国的居住天数为 1 月 1 日至 5 月 1 日，也不足 183 天。因此，凯特女士 2019 年度与 2020 年度在我国居住天数均不足 183 天，也就是说，均不构成我国居民个人。

而如果根据中英税收协定判断，凯特女士满足任意连续 12 个月在我国居住天数满 183 天的条件。可见，《个人所得税》对居住天数的规定与协定相比更为宽松。

需要注意，判断无住所个人是否满足居民个人的条件，要看该无住所个人一个年度内在华的实际停留天数。就是对每一个年度都要进行单独判断，即使某人此前连续几个年度在华停留时间均满 183 天，也不代表本年度其为居民个人，还是要看当年在华的停留天数。

我们举例说明。

INDIVIDUAL
INCOME TAX **案例 1–6**

假定无住所个人约翰先生 2019 年、2020 年在华停留天数均超过了 183 天，那么约翰先生 2019 年度及 2020 年度都构成了我国的居民个人。但需要注意的是，2021 年度约翰先生在我国是否构成居民个人，要看其 2021 年度在我国境内的居住天数，与前一年度，或者是前几年度是不是我国的居民个人无关。也就是说，如果约翰先生 2021 年度在我国境内的居住天数不足 183 天，则该纳税年度不构成我国的居民个人，反之则构成我国的居民个人。

从国际上来看，绝大多数 OECD 成员国判定居民个人的时间标准为 183 天或 182 天，也就是半年的概念，少数发达国家判定居民个人的时间标准为 90 天，我国与各国签订的税收协定也将常设机构和居民的判定标准定为 183 天，总体上，这一修改与国际惯例保持了一致。新税制实施后，在一个纳税年度内来华在 183 天以上的无住所个人，虽然容易被认定为居民个人，但《个人所得税法实施条例》第四条对其境外支付的境外所得的纳税义务有一定豁免，同时，无住所个人在我国缴纳的个人所得税在年度终了回到其国籍所在国后也是可以进行税收抵免的。

我们举例说明。

INDIVIDUAL INCOME TAX 案例 1–7

外籍个人泰勒是我国的无住所个人，一个纳税年度内在我国的居住天数为 200 天，年度内境内支付工资、薪金总额共 180 万元，其中 80 万元属于泰勒境外工作期间的所得，也就是其境外所得。在新税制下，泰勒一个纳税年度内在我国居住天数达到了 183 天，直接构成了我国的居民个人，泰勒应就其境内所得和境外所得共计 180 万元都在我国缴纳个人所得税。如果在旧个人所得税税制下，泰勒在该纳税年度内多次累计已超过 90 日离开中国境内，因此需要扣减在华居住天数，其在中国境内居住天数不满一年，也就不构成我国的居民个人，其收入中的 80 万元境外所得部分在我国不缴纳个人所得税，但这部分收入，泰勒由于住所等原因一般会被认定为其国籍所在国的居民个人，那么泰勒的全球所得也是需要在其本国缴纳个人所得税的，相当于在旧税制下，我国将自己的一部分征税权让渡给了对方国家。

在新税制下，泰勒的所得虽然在我国缴纳了个人所得税，但回到其国籍所在国后也是可以进行抵免的，只要两国税率相近，基本不会增加其纳税负担。

其次，对于在我国居住满 183 天的纳税人，即我国的居民个人，其如果在他国因为拥有永久性住所为该国的居民个人，则容易造成双重居民个人身份。此时，该纳税人可以通过税收协定加比规则[1]的判断顺序，协调双重居民个人的身份矛盾，从而有可能享受税收协定的境外受雇所得条款待遇，视为对方国家税收居民处理，在中国境外取得的所得在我国仍免予缴纳个人所得税，并没有增加其纳税义务。该判断顺序为：永久性住所——重要利益中心——习惯性居所——国籍。

最后，当采用上述顺位判断的标准后仍无法确定其单一的居民身份时，可由缔约国双方的主管税务当局协商解决。

关于税收协定的相关内容，我们将在后面章节单独讲解，这里不再赘述。

四、国籍与住所的关系

下面，我们再来梳理一下关于国籍和居民个人的关系。在实际征管过程中，在大多情形下，征纳双方会以国籍来判断该纳税人是否在本国有住所。比如，对于有中国国籍的纳税人，大多数情况下我们会认为其在我国境内是有住所的，也就是不再考虑其居住天数，直接认定为我国

---

[1] 加比规则，英文名为 Tie Breaker，指比赛或游戏中双方战平后再来一局，决胜局的意思。

的居民个人。但是国籍与住所并不能完全等同，具体原因我们在前面对住所的界定中已经进行了解释说明。这里，我们来看一下政策的相关规定。

《〈中华人民共和国政府和新加坡共和国政府关于对所得避免双重征税和防止偷漏税的协定〉及议定书条文解释》（国税发〔2010〕75号文件印发）第四条明确，根据《个人所得税法》及其实施条例的相关规定，我国的居民个人包括：

（1）在中国境内有住所的中国居民和外国侨民。但不包括虽具有中国国籍，却并未在中国大陆定居，而是侨居在海外的华侨和居住在香港、澳门、台湾的同胞。

（2）在中国境内居住，且在一个纳税年度内，一次离境不超过30日，多次离境不超过90日的外国人、海外侨民和香港、澳门、台湾同胞。

上述第（2）项规定已失效，但可以借鉴。根据我国新个税法的规定，应为“在中国境内居住，且在一个纳税年度内，中国境内居住累计满183天的外国人、海外侨民和香港、澳门、台湾同胞”。

和其他文件相比，国税发〔2010〕75号文件从国籍的维度对居民个人的范围规定得更为清晰。根据该文件，我们可以进一步从国籍的维度对居民个人进行划分。

对纳税人可以进行如下划分：

（1）有住所的中国公民；

（2）港澳台同胞当年在境内居住天数满183天的；

（3）侨居在海外的华侨和港澳台同胞当年在境内居住天数不满183天的；

（4）有住所的外国侨民；

（5）无住所外国人当年居住天数满 183 天的；

（6）无住所外国人当年居住天数不满 183 天的。

上述（1）（2）（3）是对具有中国国籍的纳税人的划分；（4）（5）（6）是对具有外国国籍的纳税人的划分。

由此可以看出，（1）（2）（4）（5）情形可以划归为我国的居民个人。特别是虽有我国国籍，但侨居在海外的华侨仍可以判定为我国的非居民个人，那么这里华侨的界定就显得尤为重要。

关于华侨的界定，我们可以参照《国家税务总局关于明确个人所得税若干政策执行问题的通知》（国税发〔2009〕121 号）的相关规定：华侨是指定居在国外的中国公民。同时，该文件明确了“定居”的概念，以及可以被认定为华侨的情形。具体界定如下：

（1）“定居”是指中国公民已取得住在国长期或者永久居留权，并已在住在国连续居留两年，两年内累计居留不少于 18 个月。

（2）中国公民虽未取得住在国长期或者永久居留权，但已取得住在国连续 5 年以上（含 5 年）合法居留资格，5 年内在住在国累计居留不少于 30 个月的，视为华侨。

（3）中国公民出国留学（包括公派和自费）在外学习期间，或因公务出国（包括外派劳务人员）在外工作期间，均不视为华侨。

需要注意的是，关于上述第（3）点，可以回顾前面已讲述的，对于因学习、工作原因而在境外居住，在这些原因消除后仍然回到中国境内居住的个人，我们仍视同其在中国境内有住所。二者的法理思维是相同的。

FOREIGN-RELATED
Individual Income Tax

第二章
纳税义务的判断

本章主要在纳税人划分的基础上介绍无住所个人纳税义务的划分规则。针对《个人所得税法》对纳税义务的相关规定以及《个人所得税法实施条例》无住所个人的纳税义务的豁免进行讲解，并通过案例对新旧税制下纳税义务规定、居住天数等的变化进行深度剖析。

一、《个人所得税法》对纳税义务的规定

根据《个人所得税法》第一条的规定，居民个人包括在我国境内有住所的个人，以及一个纳税年度内在我国境内居住满 183 天的无住所个人，居民个人需要将其从中国境内和境外取得的全部所得，在我国境内缴纳个人所得税；非居民个人是指在我国境内不居住的无住所个人，或者一个纳税年度内在我国境内居住累计不满 183 天的无住所个人，非居民个人仅需就其从中国境内取得的所得，在我国缴纳个人所得税。

由此我们可以看出，在个人所得税税制中，居民个人和非居民个人的纳税义务有着很大的区别。根据《个人所得税法》的相关规定，非居民个人仅就境内所得在我国缴纳个人所得税，而居民个人需要就境内所得和境外所得（也就是全部所得）在我国缴纳个人所得税。关于居民个

人和非居民个人的判定原则我们在上一章中已经进行了详细的阐述，本次税改将无住所个人判定为居民个人的时间标准由一年调整为 183 天；同时，为支持我国经济发展，促进国际交流，吸引更多的外籍人才来华工作，本次个人所得税税改过程中，在《个人所得税法》将无住所居民个人的判定条件收紧的基础上，又通过《个人所得税法实施条例》第四条及第五条对无住所个人相关纳税义务给予税收优惠的方式在一定程度上予以豁免。

二、《个人所得税法实施条例》对无住所个人的纳税义务的相关豁免

《个人所得税法实施条例》对无住所个人的纳税义务的豁免，包括对一个纳税年度内在我国境内居住时间不足 90 天的无住所非居民个人，以及不完全意义上的无住所居民个人的相关税收优惠。

（一）对无住所个人在我国境内居住时间不足 90 天的税收优惠

根据《个人所得税法》第一条的规定，非居民个人应就境内所得在我国缴纳个人所得税。境内所得又可以分为境内所得境内支付部分和境内所得境外支付部分。《个人所得税法实施条例》对在我国境内居住时

间不足 90 天的无住所非居民个人给予了一定的税收优惠。该条例第五条规定，在中国境内无住所的个人，在一个纳税年度内在中国境内居住累计不超过 90 天的，其来源于中国境内的所得，由境外雇主支付并且不由该雇主在中国境内的机构、场所负担的部分，免予缴纳个人所得税。也就是说，该条款对无住所个人一个纳税年度内在我国境内居住天数累计不超过 90 天的，其境内所得境外支付部分给予了免税待遇，但境外雇主支付部分需要满足不是由境内负担的前提条件。这里需要注意。该规定不是一项新规定，与旧《个人所得税法》的规定一致，主要对短期来华的无住所个人给予税收优惠，方便国际交流。一般情况下，短期来华的无住所个人，其主要工资、薪金收入还是由境外雇主发放的，境内单位一般不发放工资，即使发钱也主要限于部分相应的补贴。

我们举例说明。

INDIVIDUAL INCOME TAX **案例 2-1**

英国母公司的派遣技术人员威廉来华为子公司的项目提供短期的技术服务，2019 年度内，威廉在我国境内停留天数不足 90 天。威廉在中国境内工作期间取得的工资、薪金收入（即境内所得）包括两部分：境内子公司支付的，以及境外母公司支付的。如果英国母公司支付的工资、薪金不是由境内子公司负担，则威廉不需要在我国缴纳个人所得税。

对于该条款，还有一点需要注意，就是其适用范围。该条款仅适用于无住所个人的工资、薪金所得，这一点从“雇主”这一表述中可以看出，“雇主”所支付所得应为工资、薪金所得，其他非工资、薪金所得不应适用该条款规定的税收优惠。

（二）对不完全意义上的无住所税收居民的税收优惠

根据《个人所得税法》第一条的规定，居民个人应就境内所得和境外所得均在我国缴纳个人所得税。其中境内所得分为境内所得境内支付部分和境内所得境外支付部分，境外所得也分为境外所得境内支付部分和境外所得境外支付部分。而《个人所得税法实施条例》对中国境内居住累计满 183 天的年度连续不满 6 年的无住所居民个人给予了一定的税收优惠。该条例第四条规定，在中国境内无住所的个人，在中国境内居住累计满 183 天的年度连续不满 6 年的，经向主管税务机关备案，其来源于中国境外且由境外单位或者个人支付的所得，免予缴纳个人所得税；在中国境内居住累计满 183 天的任一年度中有一次离境超过 30 天的，其在中国境内居住累计满 183 天的年度的连续年限重新起算。

我们举例说明。

INDIVIDUAL INCOME TAX **案例 2-2**

意大利人里皮 2019 年至 2025 年来华从事教练工作，期间每年在我国居住天数均超过183天，2023年里皮回意大利探亲超过30天，那么里皮教练连续6年的起始年限在2023年就中断了，要从2024年重新起算。

由此可以看出，无住所个人一个纳税年度内在中国境内居住满183天就达到了居民个人的条件，居民个人应就境内所得和境外所得均在我国缴纳个人所得税。《个人所得税法实施条例》所称在中国境内居住累计满183天的年度连续不满6年的无住所居民个人，我们可以理解为不完全意义上的居民个人。对其来源于境外所得的境外支付部分，给予了在我国免予缴纳个人所得税的优惠。

我们举例说明。

INDIVIDUAL INCOME TAX 案例2-3

同样是英国母公司的派遣技术人员威廉来华为子公司的项目提供技术服务。2019年度内，威廉在我国境内停留天数满183天，但满183天的年度不足6年。威廉在中国境内工作期间取得的工资、薪金收入包括两部分，一部分是境内子公司支付的，另一部分是境外母公司支付的；威廉在中国境外工作期间取得的工资、薪金收入也包括两部分，一部分是境内子公司支付的，另一部分是境外母公司支付的。那么，威廉在中国境外工作期间取得的由境外母公司支付的工资、薪金属于境外所得境外支付部分，在我国不缴纳个人所得税，其余部分均应在我国缴纳个人所得税。

与旧个人所得税税制相比，新《个人所得税法实施条例》对于无住所个人主要在三个方面规定了更加优惠的税收政策：一是免税条件放宽。将无住所居民个人境外支付的境外所得免予征税条件由原来的在境内居住“满5年”改为“满6年”。二是增设满6年的门槛。在一个年度内境内居住183天基础上，增设“一次性离境30天以上”连续满6年重新起算的规定，降低认定连续满6年的“门槛”，只要纳税人在连续满6年之前有一次临时离境超过30天，上述6年就需要重新起算，以此保证绝大多数纳税人达不到连续满6年的条件。三是程序更加简单。将原对境外支付的境外所得不征税由“审批”改为“备案”。

我们从表2-1中可以比较直观地看出不同居住时间的无住所个人的相关纳税义务。

表2-1　无住所个人（非高管人员）的相关纳税义务

无住所个人类别	境内居住时间	境内所得		境外所得	
		境内支付或负担	境外支付且不由境内负担	境内支付	境外支付
非居民个人	连续或累计不超过90天	征税	免税	不征税	不征税
	累计超过90天但不满183天	征税	征税	不征税	不征税
无住所居民个人	累计满183天的年度连续不满6年	征税	征税	征税	免税
	累计满183天的年度连续满6年	征税	征税	征税	征税

我们再通过一个小例子总结一下本章关于无住所个人纳税义务划分的内容。

INDIVIDUAL INCOME TAX 案例 2–4

无住所个人柳志敏先生某纳税年度取得的所得共 45 万元，具体如表 2–2 所示：

表 2–2　　单位：万元

境内所得		境外所得	
境内支付	境外支付且不由境内负担	境内支付	境外支付
8	10	12	15

如果柳志敏先生本年在中国境内居住天数不满 90 天，那么他仅需就境内所得境内支付部分 8 万元缴纳个人所得税。

如果柳志敏先生本年在中国境内居住天数满 90 天不满 183 天，那么他作为非居民个人，需要就境内所得 18 万元在我国缴纳个人所得税。

如果柳志敏先生本年在中国境内居住天数满 183 天，且其满 183 天的年度连续不满 6 年，那么他需要就境内所得以及境外所得境内支付部分共计 30 万元在我国缴纳个人所得税。

如果柳志敏先生本年在中国境内居住天数满 183 天，且其满 183 天的年度连续已满 6 年，那么他需要就境内所得以及境外所得的全部收入 45 万元在我国缴纳个人所得税。

三、纳税义务判断的关键点

（一）居住天数的判定

在前面的介绍中，我们反复提到“在一个纳税年度内的居住天数”是否满 90 天以及 183 天。那么，居住天数应该如何进行判定？居住天数与工作天数、协定停留天数的区别是什么？这些是我们接下来要讲解的内容。

1. 居住天数

根据《财政部 税务总局关于在中国境内无住所的个人居住时间判定标准的公告》（财政部 税务总局公告 2019 年第 34 号，以下简称 34 号公告）第二条的规定，无住所个人一个纳税年度内在中国境内累计居住天数，按照个人在中国境内累计停留的天数计算。在中国境内停留的当天满 24 小时的，计入中国境内居住天数，在中国境内停留的当天不足 24 小时的，不计入中国境内居住天数。

34 号公告规定，在中国境内停留的当天不足 24 小时的，不计入中国境内居住天数，简单地讲，就是出入境当天不计算天数。这一点与旧税制下的规定相比有了很大的变化。在旧税制下，《国家税务总局关于在中国境内无住所的个人执行税收协定和个人所得税法若干问题的通知》（国税发〔2004〕97 号）规定，对在中国境内无住所的个人，需要计算确定其在中国境内居住天数，依照税法和协定（或安排）的规定判定其在华负有何种纳税义务时，均应以该个人实际在华逗留天数计算。上述个人入境、离境、往返或多次往返境内外的当日，均按一天计算其在华实际逗留天数。

通过以上比较我们可以看出，在旧税制下，出入境当天均按一天来计算居住天数，而在新税制下，出入境当天不再计入居住天数。因此，与旧税制相比，34 号公告对居住天数的判定更加宽松，换个角度而言，相对于《个人所得税法实施条例》来说，34 号公告对无住所个人给予了进一步的税收优惠。需要注意的是，这一新规仅适用于计算居住天数，即考察无住所个人是否满足 183 天条件时使用，我们需要将居住天数与工作天数及协定停留天数进行区分。

从表 2-3 中可以更加清晰地看出新旧税制下居住天数判定规则的区别。

表 2-3　新旧税制下居住天数判定规则的区别

序号	香港居民李先生出入境情况	根据 34 号公告计算	根据国税发〔2004〕97 号文件（已失效）计算
1	52 周，每周一入境，下周的周四离境	每两周计算 9 天，26 个周期 ×9 天 =234 天	每两周计算 11 天，26 个周期 ×11 天 =286 天
2	52 周，每周一入境，周五离境	每周计算 3 天，52 周 ×3 天 =156 天	每周计算 5 天，52 周 ×5 天 =260 天
3	52 周，每周一入境，周三离境，周四入境，周五离境	每周计算 1 天，52 周 ×1 天 =52 天	每周计算 5 天，52 周 ×5 天 =260 天
4	52 周，每周一到周五，当天往返	每周计算 0 天，全年共 0 天	每周计算 5 天，52 周 ×5 天 =260 天

我们来分析一下表格中的四种情形。

情形 1：在深圳工作的香港居民李先生，每两周一个周期，第一周的周一早上来深圳上班，第二周的周四晚上回香港。周一和下周四为出入境的当天，李先生境内停留都不足 24 小时，因此不计入境内居住天数，再加上第二周的周五、周六、周日李先生在香港，也不计入境内居住天数。这样，李先生每两周可计入的境内居住天数为 9 天，按全年 52 周，26 个周期计算，李先生全年在境内居住天数为 9 天 / 两周 ×26 周期 =234 天；但如果在旧税制下，出境和入境的当天各算一天，每两周李先生仅第二周的周五、周六、周日三天不计入境内居住天数，每两周可计入的境内居住天数应为 11 天，11 天 / 两周 ×26 周期 =286 天，李先生的居住天数为 286 天。

情形 2：在深圳工作的香港居民李先生，每周一早上来深圳上班，周五晚上回香港。周一和周五分别为入境和离境的当天，李先生境内停留都不足 24 小时，因此不计入境内居住天数，再加上周六、周日 2 天李先生在香港，也不计入境内居住天数。这样，李先生每周可计入的境内居住天数仅为 3 天，按全年 52 周计算，李先生全年在境内居住天数为 3 天 / 周 ×52 周 =156 天，未超过 183 天，不构成居民个人。因此，李先生可仅就其取得的境内所得在我国缴纳个人所得税。但如果在旧税制下，李先生每周仅周六、周日两天不计入境内居住天数，其居住天数为 260 天。

情形 3：在深圳工作的香港居民李先生，每周一入境，周三离境，周四入境，周五离境，一周两个往返。每周李先生仅周二一天在中国境内的停留时间满 24 小时，这样，每周可计入的境内居住天数仅为 1 天，按全年 52 周计算，李先生全年在境内居住天数为 1 天/周 ×52 周=52 天，未超过 183 天，不构成居民个人。如果在旧税制下，李先生的居住天数与情形 2 相同，为 260 天。

情形 4：在深圳工作的香港居民李先生，每周一到周五当天往返香港和深圳。这样，每天李先生境内停留时间都不足 24 小时，李先生全年在境内居住天数为 0 天。如果在旧税制下，李先生的居住天数与情形 2 相同，为 260 天。

综合以上情形，我们可以通过表 2–3 直观地看出，在新税制下，居住天数的标准更加宽松，且出入境越频繁，境内居住天数越少。

2. 工作天数

《财政部 税务总局关于非居民个人和无住所居民个人有关个人所得税政策的公告》（财政部 税务总局公告 2019 年第 35 号）规定，在境内、境外单位同时担任职务或者仅在境外单位任职的个人，在境内停留的当天不足 24 小时的，按照半天计算境内工作天数。因此在实际计算税款时，如果无住所个人在境内、境外单位同时担任职务或仅在境外任职，工作天数不满 24 小时的当天还是按照半天计算。该公告有关划分境内外所得的计算公式中，使用的是“工作天数”。

3. 协定停留天数

我们还需要注意“协定停留天数”这个概念。协定停留天数主要出现在双边税收协定的“非独立个人劳务条款”（或者“受雇所得条款”）中，先确定个人在协定规定的期限内是否停留连续或累计不超过183天，进而确认所得来源国是否具有征税权，而这里的183天就属于协定停留天数。

目前，根据《〈中华人民共和国政府和新加坡共和国政府关于对所得避免双重征税和防止偷漏税的协定〉及议定书条文解释》（国税发〔2010〕75号文件印发）第十五条第一款的规定，在非独立个人提供劳务相关条款中，任何12个月中在中国停留连续或累计超过183天（不含），在计算天数时，该人员中途离境包括在签证有效期内离境又入境，应准予扣除离境的天数。计算实际停留天数应包括在中国境内的所有天数，包括抵、离境当日等不足一天的任何天数及周末、节假日，以及从事该项受雇活动之前、期间及以后在中国度过的假期等。也就是说，在判断“协定停留天数”时，出入境当天均计算为一天。我们可以这样理解，居住天数是用来判断无住所个人是否满足我国居民个人条件的，从而确定其相关的纳税义务；而工作天数是在计算无住所个人在我国的应缴税款时，用来量化归属于中国境内工作期间的所得的，其最终目的在于划分无住所个人的所得来源地；协定停留天数主要用来判断所得来源国是否具有征税权。因此，三者的判定方式与用途均不相同。

（二）“累计满183天的年度连续不满6年”的政策界定

对于满183的年度连续不满6年的具体判断，34号公告也进行了明确。该公告第一条规定，无住所个人一个纳税年度在中国境内累计居住满 183 天的，如果此前 6 年在中国境内每年累计居住天数都满 183 天而且没有任何一年单次离境超过 30 天，该纳税年度来源于中国境内、境外所得应当缴纳个人所得税；如果此前 6 年的任一年在中国境内累计居住天数不满 183 天或者单次离境超过 30 天，该纳税年度内来源于中国境外且由境外单位或者个人支付的所得，免予缴纳个人所得税。上述所称此前 6 年，是指该纳税年度的前一年至前六年的连续 6 个年度，此前 6 年的起始年度自 2019 年（含）以后年度开始计算。

对于以上规定，我们需要注意以下三点：

一是 2019 年之前无住所个人在华居住记录全部“清零”，不再纳入计算范围。对于一个无住所个人而言，2019 年是计算满 6 年的第一年，我们在判断其是否“满 6 年”时，是从 2019 年开始计算的，对之前的居住记录不予考虑。

我们举例说明。

INDIVIDUAL INCOME TAX 案例 2–5

俄罗斯人亚历山大自 2012 年起就在我国境内居住，但是我们在计算亚历山大在我国境内居住满 183 天的年度是否满 6 年时，对 2012 年至 2018 年的居住天数是不需要考虑的，直接从 2019 年开始计算“满 6 年”的第一年。

二是自2019年起，在华居住满183天的任一年度内如果有单次离境超过30天的，也就打破了连续计算的规则，连续居住年限将“清零”，从下一年度重新开始计算。该规定与《个人所得税法实施条例》保持了一致。

三是如果一个无住所个人此前六年在中国境内每年累计居住天数都满183天，并且没有任何一年单次离境超过30天，那么该纳税年度（指第七年）来源于中国境内、境外所得都应当在我国缴纳个人所得税。

还有一个问题需要强调，在《个人所得税法实施条例》出台后，很多人有疑问：根据《个人所得税法实施条例》规定的“满六年”，无住所居民个人应该是第六年还是第七年就境内所得和境外所得均在我国缴纳个人所得税？对于这个问题，34号公告用“此前六年”给予了明确的回答，其实也就是第七年的概念。实践中只会出现“第七年”，由于时间不断推移，不会出现“第八年”“第九年”等时间点。但是我们在判断时尽量不要用第几年，而应该用“此前六年”更为清晰。比如我们需要判断一个无住所个人2025年在我国居住天数是否“满6年”，是否应就全球所得在我国缴纳个人所得税，那么，我们应该看其2024年、2023年、2022年、2021年、2020年、2019年这六年之中是否每年在我国居住天数均达到183天，且每年都没有单次离境超过30天的情形。如果均符合条件，那么该无住所个人2025年只要在境内居住满183天，即应就全球所得在我国缴纳个人所得税，而2019年至2024年的境外所得境外支付部分均可以享受在我国免予缴纳个人所得税的豁免待遇。

我们举例说明。

INDIVIDUAL INCOME TAX

案例 2-6

法国公民约翰先生2028年在中国境内居住满183天，其在英国、印度每年均有大量的投资收益。约翰先生2022年1月1日来华工作，在此期间，约翰先生每年在境内居住时间均超过183天，且无单次离境30天的情形。

根据上述情况分析，约翰先生在2028年的“此前六年”，即2027年、2026年、2025年、2024年、2023年、2022年这6年每年在我国境内居住时间均超过183天，且没有单次离境超过30天的情形，因此约翰先生2028年应当就其包括从英国、印度取得的投资收益在内的全部所得，在我国申报缴纳个人所得税。

在该案例中，如果约翰先生在2027年有一次离境超过30天，则2028年约翰先生从英国、印度取得的投资收益，就可以免予在我国缴纳个人所得税。

在该案例中，由于约翰先生2022年至2027年在我国境内居住时间满183天的年度已满6年，因此如果约翰先生不想就其英国、印度的投资收益在我国缴纳个人所得税，唯一有效的方法是2028年在我国境内居住时间少于183天，不构成当年居民个人。如果约翰先生2028年在境内居住时间已经超过183天，即使再增加单次离境30天，也不能改变应当就其2028年从英国、印度取得的投资收益在我国缴纳个人所得税的情况。

FOREIGN-RELATED
Individual Income Tax

第三章
所得来源地的判定

所得来源地的判定是个人所得税制中一项重要的基础性内容。在上一章中我们已经介绍过，根据《个人所得税法》第一条的规定，居民个人就境内所得和境外所得均在我国缴纳个人所得税，非居民个人仅就境内所得在我国缴纳个人所得税。而对于临时来华不足 90 天的非居民个人，境内所得的境外支付且不由境内雇主负担的部分，以及对来华满 183 天的年度连续不满 6 年的无住所居民个人的境外所得境内支付部分，根据《个人所得税法实施条例》相关规定还可以享受免税待遇。因此，所得来源地的确定是关系到我国个人所得税征税权的基本规定，境内所得和境外所得的划分显得尤为重要。本章将对各个所得项目的境内、境外划分问题进行详细讲解。

一、所得来源地判定的基本规则

首先我们来看一下政策的基本规定。《个人所得税法实施条例》第三条明确，除国务院财政、税务主管部门另有规定外，下列所得，不论支付地点是否在中国境内，均为来源于中国境内的所得：

“(一) 因任职、受雇、履约等在中国境内提供劳务取得的所得；

（二）将财产出租给承租人在中国境内使用而取得的所得；

（三）许可各种特许权在中国境内使用而取得的所得；

（四）转让中国境内的不动产等财产或者在中国境内转让其他财产取得的所得；

（五）从中国境内企业、事业单位、其他组织以及居民个人取得的利息、股息、红利所得”。

所得来源地的判定有居民管辖权和地域管辖权两种规则，《个人所得税法实施条例》第三条主要从地域管辖权规则出发明确了以下内容：

（1）工资、薪金所得和劳务报酬所得的所得来源地按照劳务发生地规则进行划分。我们可以理解为按人的物理位置进行判断，即人在境内提供劳务取得的所得为来源于中国境内的所得，如果人在境内工作期间取得了境外支付的所得，这部分所得应该称之为境内所得的境外支付部分。

我们举例说明。

INDIVIDUAL INCOME TAX 案例 3-1

无住所个人 Lee 先生任职于德国一家汽车制造企业，2019 年度因中国子公司的引擎盖事件派驻到中国履职 4 个月，期间取得工资、薪金收入共计 100 万元，其中 70 万元由境外母公司支付，30 万元由境内子公司支付。在中国履职的 4 个月期间，由于 Lee 先生的劳务发生地为中国境内，因此其取得的 100 万元工资、薪金所得均为境内所得，其中

70万元境外母公司支付部分为境内所得境外支付，30万元境内子公司支付部分为境内所得境内支付。

我们再举一个劳务报酬的例子。

INDIVIDUAL INCOME TAX **案例3-2**

我国境内一家房地产公司碧柳园聘请意大利设计师奥利奥先生为其重庆的房地产开发项目提供设计方案，合同约定碧柳园公司支付给奥利奥先生折合280万元人民币的劳务报酬（不涉及专利权）。如果奥利奥先生没有来到中国境内，只是在意大利履约为我国的碧柳园公司提供设计方案，那么奥利奥先生取得的报酬为境外所得；如果奥利奥先生是来我国境内履约，为碧柳园公司提供设计服务，那么其取得的劳务报酬为境内所得。

通过以上案例我们可以看出，工资、薪金所得和劳务报酬所得的所得来源地的判定，不需要考虑其是为境内单位还是境外单位提供劳务，也不需要考虑所得的支付地，而是直接按劳务发生地，即物理位置进行判断即可。

（2）财产租赁所得按照财产的使用地规则进行划分，也就是说，如果承租人是在我国境内使用，那么出租人取得的所得为来源于中国境内的所得。

我们举例说明。

INDIVIDUAL
INCOME TAX 案例 3-3

韩国人李先生 2019 年度从未来过中国，属于在我国无住所又不居住的无住所个人，出租一艘游艇给 A 公司在我国黄海海域使用，取得了 1 000 万韩元的租金。无论李先生是否来过中国，无论合同在哪里签订，只要游艇是在我国境内使用，这部分所得都属于来源于我国境内的所得。非居民个人应就来源于中国境内的所得在我国缴纳个人所得税，李先生取得的 1 000 万韩元的租金就属于来源于我国境内的所得，在我国负有纳税义务。

（3）特许权使用费所得来源地的划分规则与财产租赁所得一样，也是按照使用地规则进行划分的。

我们举例说明。

INDIVIDUAL
INCOME TAX 案例 3-4

日本人小林拥有一项特许权，他允许我国境内的一家物流企业北方速递使用该特许权，同时取得一定金额的特许权使用费。与财产租赁所得的判定规则相同，只要该特许权是在我国境内使用，那么小林取得的特许权使用费所得就应当为来源于中国境内的所得。反之，如果该特许权是在中国境外使用，其取得的特许权使用费则为来源于中国境外的所得。

（4）财产转让所得涉及的财产可分为不动产和其他财产。转让不动产按不动产所在地规则进行划分，也就是说，转让境内的不动产则为来源于中国境内的所得。转让其他财产按转让行为所在地规则进行划分。

我们举例说明。

INDIVIDUAL INCOME TAX 案例 3–5

新加坡人吴女士 2019 年度一共转让了两套房产，分别位于新加坡和我国境内。由于不动产所得来源地按照不动产所在地规则确定，我们不用考虑吴女士的房产是转让给境内企业（或个人）还是境外企业（或个人），仅需要考虑不动产的所在地。因此吴女士转让新加坡房产取得的所得为来源于境外的所得，转让我国境内房产取得的所得为来源于境内的所得。

（5）利息股息红利所得按支付及负担机构所在地规则进行划分。实际上，利息、股息、红利所得的划分规则也可以说是一种变相的使用地规则，该税目资金使用的持有收益，从各个国家（地区）之间的关系看，是一国（地区）的资金让渡给其他国家（地区）使用，一般其使用地同时也是支付地或者负担地。《个人所得税法实施条例》采取支付或者负担地规则，便于从银行跨境付汇行为和支付单位的会计账册中有所反映，一般由本国（地区）企业负担此笔费用的，企业会计上会体现相应的利息、股息、红利费用的列支，便于征纳双方实际操作。

《个人所得税法实施条例》明确了工资、薪金及劳务报酬、财产租赁、特许权使用费、财产转让、利息股息红利六项所得的境内所得确认规则。《财政部 税务总局关于非居民个人和无住所居民个人有关个人所得税政策的公告》（财政部 税务总局公告 2019 年第 35 号，以下简称 35 号公告）第一条第四款进一步明确了稿酬所得的境内所得确认规则：由境内企业、事业单位、其他组织支付或者负担的稿酬所得，为来源于境内的所得。

我们可以看出，上述法规对经营所得和偶然所得的境内、境外所得划分规则没有予以明确，主要原因是，《个人所得税法实施条例》有关所得来源地的条款未进行大的修订，35 号公告主要明确跨境综合所得的所得来源地问题，未涉及经营所得和偶然所得的划分问题。针对这一遗憾，《财政部 税务总局关于境外所得有关个人所得税政策的公告》（财政部 税务总局公告 2020 年第 3 号，以下简称 3 号公告）第一条做出了补充规定：一是在中国境外从事生产、经营活动而取得的与生产、经营活动相关的所得，为来源于中国境外的所得。也就是说，经营所得按生产、经营地规则进行划分。二是明确偶然所得来源地划分规则为支付或者负担地规则，该规定与利息、股息、红利所得的来源地划分规则一致，中国境外企业、其他组织以及非居民个人支付且负担的偶然所得，为来源于中国境外的所得。

我们举例说明。

INDIVIDUAL INCOME TAX 案例 3-6

假设一个自然人在境内购买了国外某网站的彩票，中奖金额为 2 万美元。奖金如果由境外公司汇入该自然人的存款账户，那么这笔 2 万美元的奖金为境外所得；奖金如果由该外国网站的国内机构负担，则属于境内所得。我们需要考虑的只是支付或者负担该笔所得的是境内企业还是境外企业，而不用考虑自然人是在哪里中奖的。

另外，3 号公告明确了股权转让所得按照被投资企业所在地规则予以确定，转让中国境外的不动产、转让对中国境外企业以及其他组织投资形成的股票、股权以及其他权益性资产（以下称权益性资产）或者在中国境外转让其他财产取得的所得，为来源于中国境外的所得。此外，3 号公告还增加了股权等权益性资产的特殊条款。该条款规定，转让对中国境外企业以及其他组织投资形成的权益性资产，该权益性资产被转让前三年（连续 36 个公历月份）内的任一时间，被投资企业或其他组织的资产公允价值 50% 以上直接或间接来自位于中国境内的不动产的，取得的所得为来源于中国境内的所得。这里，我们可以参考另外两个文件——《国家税务总局关于印发〈中华人民共和国政府和新加坡共和国政府关于对所得避免双重征税和防止偷漏税的协定〉及议定书条文解释的通知》（国税发〔2010〕75 号）以及《国家税务总局关于税收协定中财产收益条款有关问题的公告》(国家税务总局公告 2012 年第 59 号)——的相关规定。

《〈中华人民共和国政府和新加坡共和国政府关于对所得避免双重征税和防止偷漏税的协定〉及议定书条文解释》第十三条第四款规定，被转让公司股份价值 50% 以上直接或间接由位于中国的不动产组成时，中国税务机关有权征税。如果缔约国一方居民持有某公司的股份，不论该公司是缔约一方的公司还是缔约对方的公司，只要该公司的股份价值的 50% 以上（不含 50%）直接或者间接由位于缔约对方的不动产所构成，则缔约国一方居民转让该公司股份取得的收益，无论其持股比例是多少，不动产所在国对股份转让收益都有权征税。

例如，新加坡居民拥有中国公司的股份（或购买在新加坡上市的中国公司的股份），如果该中国公司股份价值的 50% 以上直接或间接由位于中国的不动产所组成，那么，不论该新加坡居民持有中国公司股份比例如何，中国对该新加坡居民转让该公司股份取得的收益都可以征税。又如，新加坡居民拥有某中国境外公司的股份，如果该公司股份价值的 50% 以上直接或间接由位于中国的不动产所构成，则上述新加坡居民转让该中国境外公司股份（股票）取得的收益，中国视为不动产所在国根据该款规定拥有征税权（但一般情况下如果不动产所在国国内法对此类情形下的转让收益不征税，即使协定规定有征税权，也并不意味着不动产所在国一定要征税）。

国家税务总局公告 2012 年第 59 号第二条进一步明确，“国税发〔2010〕75 号所附条文解释”规定，公司股份价值 50% 以上直接或间接由位于中国的不动产所组成，是指公司股份被转让之前的一段时间（目前该协定对具体时间未作规定，执行中可暂按三年处理）内任一时间，被转让股份的公司直接或间接持有位于中国的不动产价值占公司全部财产价值的比率在 50% 以上。该规定所述及的公司股份被转让之前的三年是指公司股份被转让之前（不含转让当月）的连续 36 个公历月份。

由以上内容可以看出，3 号公告关于股权等权益性资产的特殊规定，与国税发〔2010〕75 号文件以及国家税务总局公告 2012 年第 59 号中的相关条款表述思路一致，是对上述两份文件此项规定的继承，相当于是一个反避税条款。

所得的支付地点并不是判定所得来源地主要条件，主要原因是，在跨国公司的范畴内，跨国公司员工的薪酬的支付地点，完全可以由跨国公司操纵，为此，多数国家（地区）的税法均不将支付地点作为判定所得来源地的主要依据。这里需要注意，《个人所得税法实施条例》第三条第一款规定的“除国务院财政、税务主管部门另有规定外，下列所得，不论支付地点是否在中国境内，均为来源于中国境内的所得”所称“另有规定”，主要是指高管人员报酬相关规定。因为根据《个人所得税法实施条例》第三条的规定，因任职、受雇、履约等在中国境内提供劳务取得的所得为来源于中国境内的所得，也就是采用劳务发生地规则，而高管人员的报酬还要在此基础上考虑支付地规则。对于这一特殊规定，我们将在后续章节进行详细讲解。

我们将上述内容总结归纳在表 3-1 中。

表 3-1

所得类型		新税制规定
工资、薪金及劳务报酬所得		劳务发生地规则（高管人员另行规定）
稿酬所得		支付或者负担地规则
特许权使用费所得		使用地规则
经营所得		经营地规则
利息、股息、红利所得		支付或者负担地规则
财产租赁所得		不动产租金：不动产所在地规则；动产租金：使用地规则
财产转让所得	不动产转让所得	不动产所在地规则
	动产转让所得	转让地规则
	权益性投资资产	被投资企业所在地规则
偶然所得		支付或者负担地规则

二、关于工资、薪金所得来源地判定的细化规定

关于工资、薪金所得来源地的判定规则，在《个人所得税法实施条例》规定的劳务发生地规则的基础上，35 号公告第一条进一步明确：

个人取得归属于中国境内（以下称境内）工作期间的工资、薪金所得为来源于境内的工资、薪金所得。境内工作期间按照个人在境内工作天数计算，包括其在境内的实际工作日以及境内工作期间在境内、境外享受的公休假、个人休假、接受培训的天数。在境内、境外单位同时担任职务或者仅在境外单位任职的个人，在境内停留的当天不足 24 小时

的，按照半天计算境内工作天数。

无住所个人在境内、境外单位同时担任职务或者仅在境外单位任职，且当期同时在境内、境外工作的，按照工资、薪金所属境内、境外工作天数占当期公历天数的比例计算确定来源于境内、境外工资、薪金所得的收入额。境外工作天数按照当期公历天数减去当期境内工作天数计算。

理解上述规定应着重把握以下几个方面：

（1）35 号公告将《个人所得税法实施条例》中规定的“在中国境内提供劳务”更加具体地转化表述为“境内工作期间”，即在中国境内工作期间取得的工资、薪金归属于来源于境内的所得，这样，便于在划分境内外所得的计算公式中准确地体现这一规则。而“境内工作期间”则是通过“境内工作天数”进行量化，并且“境内工作天数”包括其在境内的实际工作日以及境内工作期间在境内、境外享受的公休假、个人休假、接受培训的天数。

（2）如果仅在境内单位任职，其赴境外期间属于履行境内任职单位的工作职责，是不需要进行境内外工资收入划分的。

（3）对境内外工资收入的划分规则仅限于以下两种情形：一是无住所个人在境内、境外单位同时担任职务的；二是无住所个人仅在境外单位任职，且当期同时在境内、境外工作的。可以整体理解为：境内外工资进行划分的前提是，无住所个人在境外需要有任职。

（4）在境内、境外单位同时担任职务或者仅在境外单位任职的个人，可以将其取得的工资、薪金所得通过境内外工作天数进行划分为归属于境内、境外的所得。在划分时，在境内停留的当天不足 24 小时的，按照半天计算境内工作天数，即入境和离境的当天为按 0.5 天计算。

（5）如果无住所个人属于在境内外单位同时兼职或仅在境外单位任职，且当期同时在境内、境外工作的情况，应当按照工资、薪金所属境内、境外工作天数占当期公历天数的比例计算确定来源于境内、境外工资、薪金所得的收入额。境外工作天数按照当期公历天数减去当期境内工作天数计算。

对于上述问题，《财政部税政司 税务总局所得税司 税务总局国际税务司关于非居民个人和无住所居民个人有关个人所得税政策问题的解答》中的第一问做出了更加明确的表述：

问：无住所个人（不含高管人员）取得工资薪金所得，如何划分境内所得和境外所得？

答：个人所得税法实施条例第三条第（一）项规定，因任职、受雇、履约等在境内提供劳务取得的所得属于来源于境内的所得。

无住所个人流动性强，可能在境内、境外同时担任职务，分别取得收入，为明确境内、境外工资薪金所得划分问题，《财政部 税务总局关于非居民个人和无住所居民个人有关个人所得税政策的公告》（财政部 税务总局公告 2019 年第 35 号，以下简称《公告》）规定，个人取得归属于境内工作期间的工资薪金所得为来源于境内的工资薪金所得。境内工作期间按照个人在境内工作天数计算，境外工作天数按照当期公历天数减去当期境内工作天数计算。无住所个人在境内、境外单位同时担任职务或者仅在境外单位任职，且当期同时在境内、境外工作的，按照工资薪金所属境内、境外工作天数占当期公历天数的比例，计算确定来源于境内、境外工资薪金所得的收入额。

另需说明，境内工作天数与在境内实际居住的天数并不是同一个概念。《公告》规定，境内工作天数包括其在境内的实际工作日以及境内工作期间在境内、境外享受的公休假、个人休假、接受培训的天数。无住所个人未在境外单位任职的，无论其是否在境外停留，都不计算境外工作天数。

在实际工作中，我们对无住所个人境内所得的判断，要结合其境内外收入，每月、每年在境内外的居住时间进行计算。

综上所述，境内工作天数并不等于境内居住天数，二者在用途和计算上均有差异。居住天数，是在判断无住所个人是否满足 183 天条件时使用的，且出入境当天不计入境内居住天数。而境内工作天数是在计算境内外所得的公式中使用的，其不仅包括境内的实际工作日，还包括境内工作期间在境内、境外享受的公休假、个人休假、接受培训的天数。但境内工作时间，对于无住所个人境内外兼职，或者仅在境外任职的情形，其出入境的当天按 0.5 天计入境内工作天数，而对于仅在境内任职的情形，根据国家税务总局对 35 号公告的解读，无住所个人未在境外单位任职的，无论其是否在境外停留，都不计算境外工作天数，也就是说，对于仅在境内任职的无住所个人，其境外停留时间，统一认为其赴境外期间属于履行境内任职单位的工作职责，或者是境内工作期间享受的公休假、个人休假、接受培训的天数。

我们举例说明。

INDIVIDUAL
INCOME TAX 案例 3-7

英国人威廉是英国公司的一名营销人员，2019 年 4 月 11 日（入境）至 4 月 20 日（出境），由英国公司派驻到我国子公司提供相关的营销策略支持，其余时间均在英国工作，全月工资收入为 6 万元。

威廉属于仅在境外任职，2019 年度在我国境内居住天数满 90 天不足 183 天，2019 年 4 月，其境内居住天数为 8 天，4 月 11 日和 20 日均不计入境内居住天数。而境内工作天数是 9 天，4 月 11 日和 20 日均按 0.5 天计算。其当月境内工资、薪金所得的收入额为 6 万元 ×9/30=1.8 万元。如果威廉属于境外、境内均任职的情况，也是按上述比例进行划分的。简单来说，可以将收入划分为境内、境外收入的前提是，无住所个人需要在境外有任职。

再举一个例子。

INDIVIDUAL
INCOME TAX 案例 3-8

韩国人金秀珠女士就职于我国境内一家对韩贸易公司，2019 年度其频繁来往于韩国与中国，当年我国境内居住天数满 90 天不足 183 天。金秀珠女士 2019 年 4 月 11 日（由韩国入境）至 4 月 20 日（出境到韩国）的工资收入为 6 万元。在进行居住天数的判断时，金秀珠女士和上一例中的威廉相同，4 月境内居住天数为 8 天；但工作天数的判断有很大的差别。由于金秀珠女士仅在我国境内任职，其在境外停留时间，是不计算为境外工作天数的，也就是说，其4月的境内工作天数为全月的30天。其当月境内工资、薪金所得的收入额就是全部工资收入 6 万元，不再进行划分，全部认定为境内所得。

关于数月奖金或股权激励所得来源地和董事、监事及高层管理人员取得报酬所得来源地判定的相关规定，将在后面的相关章节中再行介绍。

FOREIGN-RELATED
Individual Income Tax

第四章

无住所个人收入额及税款的计算

本章的主要内容是无住所个人（不包括高管人员）工资、薪金收入额及税款的计算方法。这里所称无住所个人，包括非居民个人，以及在中国境内没有住所但一个纳税年度内在中国境内居住累计满 183 天的无住所居民个人。

一、无住所个人工资、薪金收入额的计算

（一）非居民个人工资、薪金收入额的计算

1. 非居民个人境内居住时间累计不超过 90 天的情形

通过对前述无住所个人纳税义务的学习，我们已经了解到，根据《个人所得税法》第一条的规定，非居民个人仅需就其从中国境内取得的所得，在我国缴纳个人所得税。然而同为非居民个人，境内居住天数的区别对纳税义务还是有影响的，因为《个人所得税法实施条例》第五条规定，在中国境内无住所的个人，在一个纳税年度内在中国境内居住累计不超过 90 天的，其来源于中国境内的所得，由境外雇主

支付并且不由该雇主在中国境内的机构、场所负担的部分，免予缴纳个人所得税。也就是说，一个纳税年度内，在我国居住天数不满90天的非居民个人，其境内所得境外支付且不由境内负担的部分，可享受在我国免予缴纳个人所得税的待遇。即仅就其归属于境内工作期间并由境内雇主支付或者负担的工资、薪金所得在我国计算缴纳个人所得税。

以上是《个人所得税法》及其实施条例中关于纳税年度内在我国居住天数不足90天的非居民个人纳税义务的规定。在此基础上，《财政部 税务总局关于非居民个人和无住所居民个人有关个人所得税政策的公告》（财政部 税务总局公告2019年第35号，以下简称35号公告）对其纳税义务的计算公式进行了具体明确。

根据35号公告的规定，一个纳税年度内，在境内累计居住不超过90天的非居民个人，仅就归属于境内工作期间并由境内雇主支付或者负担的工资、薪金所得计算缴纳个人所得税。当月工资、薪金收入额的计算公式[1]如下：

$$\text{当月工资薪金收入额}=\text{当月境内外工资薪金总额}\times\frac{\text{当月境内支付工资薪金数额}}{\text{当月境内外工资薪金总额}}\times\frac{\text{当月工资薪金所属工作期间境内工作天数}}{\text{当月工资薪金所属工作期间公历天数}}$$

上述公式简化之后也可以表述为：

---

[1] 35号公告中的公式一。

$$\text{当月工资薪金收入额}=\text{当月境内支付工资薪金数额}\times\frac{\text{当月工资薪金所属工作期间境内工作天数}}{\text{当月工资薪金所属工作期间公历天数}}$$

但笔者不建议进行这种简化，主要原因是，上述公式一的表述能更清晰地看出如何将全球工资、薪金的收入总额通过公式逐步量化为境内所得的境内支付部分，据此对这部分收入征税。

无住所个人的境内外工资、薪金总额可以划分为四个部分：境内所得境内支付、境内所得境外支付、境外所得境内支付、境外所得境外支付四个部分。在我国居住天数不足 90 天的无住所个人应仅就第一项境内所得境内支付部分在我国缴纳个人所得税。上述公式一通过支付比和天数比从当月境内外工资、薪金总额中划分出应在我国计税的收入额，也就是境内所得境内支付部分。

需要注意的是，上述公式一中利用天数比划分的免税待遇仅适用于在中国境外有任职的无住所个人，这一点我们在第三章中已经介绍过。无住所个人未在境外单位任职的，无论其是否在境外停留，都不计算境外工作天数。也就是说，无住所个人未在境外单位任职的，在计算当月工资、薪金收入额时不能乘以天数比。另外，上述公式一中划分境内所得部分的天数比，涉及的是无住所个人当月工资、薪金所属工作期间的公历天数以及境内工作天数，而不是取得工资、薪金当月的对应天数。

我们举例说明。

INDIVIDUAL INCOME TAX 案例 4-1

非居民个人W先生2019年度仅在境内任职，当月工资当月发放。年度内在华居住天数不满90天，2019年4月工资收入为150 000元人民币，全部由境内企业支付并负担，当月在华工作天数为12天。

因为W先生没有在境外担任职务，所以我们在计算其当月工资、薪金收入额时，不考虑其境内外的工作时间划分，应将其全月的公历天数都划分为境内工作天数。另外，由于其工资、薪金全部由境内企业支付并负担，因此W先生4月应在我国缴纳个人所得税的工资、薪金收入额为：150 000元 ×30天/30天=150 000元。

35号公告同时规定，该公告所称境内雇主包括雇佣员工的境内单位和个人以及境外单位或者个人在境内的机构、场所。凡境内雇主采取核定征收所得税或者无营业收入未征收所得税的，无住所个人为其工作取得工资、薪金所得，不论是否在该境内雇主会计账簿中记载，均视为由该境内雇主支付或者负担。

该条款所称"凡境内雇主采取核定征收所得税或者无营业收入未征收所得税的，无住所个人为其工作取得工资、薪金所得，不论是否在该境内雇主会计账簿中记载，均视为由该境内雇主支付或者负担"主要是指，如果境外派遣人员在我国境内提供劳务达到一定时限而构成常设机构，该常设机构的所得税采取核定征收方式，或者无营业收入未征收所得税，那么为这个常设机构工作的外派人员所取得的工资、薪金，无论境内支付还是境外支付，一律视同境内支付或者负担。对于常设机构的特殊规定，我们将在后面的章节中详细介绍。

2. 非居民个人境内居住时间累计超过 90 天不满 183 天的情形

根据《个人所得税法》及其实施条例、35 号公告的规定，在一个纳税年度内，在境内累计居住超过 90 天但不满 183 天的非居民个人，取得归属于境内工作期间的工资、薪金所得，均应当计算缴纳个人所得税；其取得归属于境外工作期间的工资、薪金所得，不征收个人所得税。当月工资、薪金收入额的计算公式[1]如下：

$$\text{当月工资薪金收入额} = \begin{matrix}\text{当月境内外}\\\text{工资薪金总额}\end{matrix} \times \frac{\begin{matrix}\text{当月工资薪金所属}\\\text{工作期间境内工作天数}\end{matrix}}{\begin{matrix}\text{当月工资薪金所属}\\\text{工作期间公历天数}\end{matrix}}$$

也就是说，非居民个人年度在我国境内居住时间累计超过 90 天不满 183 天时，不再享受不满 90 天时境内所得境外支付部分的豁免待遇，需要就其全部境内所得（也就是境内工作期间的工资、薪金所得）在我国计算缴纳个人所得税。将公式二与公式一对比可以看出，在对当月工资、薪金收入额进行划分时，不再乘以支付比，仅乘以天数比，划分出境内所得，也就是应在我国缴纳个人所得税的收入额。此其一。其二，

[1] 35 号公告中的公式二。

非居民个人在境内居住时间超过90天不满183天，符合《个人所得税法》第一条第二款规定的情形，对其全部境内所得征税，也就是说，对“境内支付的境内所得＋境外支付的境内所得”征税，二者相加正好是“整体1”，这是上述公式二不再考虑支付比的重要原因。

我们举例说明。

INDIVIDUAL INCOME TAX 案例 4-2

非居民个人Z先生在境内和境外同时担任职务，年度内在华居住天数超过90天不满183天，当月工资当月发放。2019年4月其取得的境内外工资收入总额为150 000元人民币，当月在华工作天数为12天。

当月工资、薪金收入额 =150 000 × 12/30=60 000（元）

（二）无住所居民个人工资、薪金收入额的计算

1. 满183天的年度连续不满6年的情形

根据《个人所得税法》的规定，居民个人应就境内所得和境外所得均在我国缴纳个人所得税。无住所个人在我国境内居住天数达到183天即构成当年度的居民个人。《个人所得税法实施条例》第四条规定，在中国境内无住所的个人，在中国境内居住累计满183天的年度连续不满6年的，经向主管税务机关备案，其来源于中国境外且由境外单位或者

个人支付的所得，免予缴纳个人所得税；在中国境内居住累计满 183 天的任一年度中有一次离境超过 30 天的，其在中国境内居住累计满 183 天的年度的连续年限重新起算。

也就是说，《个人所得税法实施条例》对在中国境内居住累计满 183 天的年度连续不满 6 年的无住所个人来源于境外所得的境外支付部分，给予了免税待遇。这部分无住所个人，在纳税义务上不属于完全意义上的我国居民纳税人。

35 号公告规定：在境内居住累计满 183 天的年度连续不满 6 年的无住所居民个人，符合《个人所得税法实施条例》第四条所列优惠条件的，其取得的全部工资、薪金所得，除归属于境外工作期间且由境外单位或者个人支付的工资、薪金所得部分外，均应计算缴纳个人所得税。工资、薪金所得收入额的计算公式[1]如下：

$$\text{当月工资薪金收入额}=\text{当月境内外工资薪金总额}\times\left[1-\frac{\text{当月境外支付工资薪金数额}}{\text{当月境内外工资薪金总额}}\times\frac{\text{当月工资薪金所属工作期间境外工作天数}}{\text{当月工资薪金所属工作期间公历天数}}\right]$$

上述公式三在对无住所居民个人当月工资、薪金收入额进行划分时，将境外所得境外支付部分从“整体 1”（即境内外全部所得）中划分出去，计算出应在我国缴纳个人所得税的收入额。

我们举例说明。

[1] 35 号公告中的公式三。

INDIVIDUAL INCOME TAX **案例 4–3**

非居民个人Z先生在境内和境外同时担任职务，年度内在华居住天数超过183天但连续不满6年，且在中国境内居住累计满183天的任一年度中没有离境超过30天，当月工资当月发放。2019年4月其取得的境内外工资收入总额为150 000元人民币，其中境外单位支付金额为10 000元，当月在华工作天数为12天。

$$当月工资薪金收入额=150\,000\times\left(1-\frac{10\,000}{150\,000}\times\frac{18}{30}\right)=144\,000（元）$$

2. 满183天的年度连续满6年的情形

根据35号公告的规定，在境内居住累计满183天的年度连续满6年后的第七年，在境内居住满183天的无住所居民个人，或者在6年期间内不属于符合《个人所得税法实施条例》第四条所列优惠条件的无住所居民个人，如未按规定履行事后备案手续，其从境内、境外取得的全部工资、薪金所得均应计算缴纳个人所得税。计算公式为：

当月工资薪金收入额＝当月境内外工资薪金总额

由此可见，无住所个人，在我国境内居住累计满183天的年度连续满6年后，如果其第七年也在境内居住满183天，第七年即构成了完全意义上的我国居民个人，其纳税义务也是全面的纳税义务，不再有境外所得境外支付部分的豁免待遇。

我们举例说明。

INDIVIDUAL INCOME TAX 案例 4-4

非居民个人 Z 先生在境内和境外同时担任职务，年度内在华居住天数超过 183 天，且连续满 6 年，假设在 2025 年 4 月其取得的境内外工资、薪金总额为 150 000 元人民币，那么 Z 先生的境内外工资、薪金总额 150 000 元均为个人所得税应税收入额。

35 号公告同时规定，该公告所列公式中当月境内外工资、薪金包含归属于不同期间的多笔工资、薪金的，应当先分别按照该公告规定计算不同归属期间工资、薪金收入额，然后再加总计算当月工资、薪金收入额。也就是说，无住所个人当月取得的工资、薪金包含归属于不同期间的多笔工资、薪金的，应当先分别按上述方法计算出不同归属期间工资、薪金收入额，然后加总计算出当月工资、薪金收入额，再计算当月应纳税额。也就是先分，后合，再计税的概念。

关于无住所个人工资、薪金收入额的计算方法，我们可以结合《财政部税政司 税务总局所得税司 税务总局国际税务司关于非居民个人和无住所居民个人有关个人所得税政策问题的解答》中的第四问来理解。

问：无住所个人取得工资薪金所得，如何计算在境内应计税的收入额？

答：根据所得来源地规则，无住所个人取得的工资薪金所得，可分为境内和境外工资薪金所得；在此基础上，根据支付地不同，境内工资薪金所得可进一步分为境内雇主支付或负担（以下称境内支付）和境外雇主支付（以下称境外支付）所得；境外工资薪金所得也可分为境内支付和境外支付的所得。综上，无住所个人工资薪金所得可以划分为境内支付的境内所得、境外支付的境内所得、境内支付的境外所得、境外支付的境外所得等四个部分。

无住所个人根据其在境内居住时间的长短，确定工资薪金所得纳税义务范围。例如，境内居住不超过 90 天的无住所个人取得的工资薪金所得，仅就境内支付的境内所得计算应纳税额；居住超过 90 天不满 183 天的无住所个人取得的工薪所得，应就全部境内所得（包括境内支付和境外支付）计算应纳税额。

个人所得税法修改前，无住所个人取得工资薪金所得，采取“先税后分”方法计算应纳税额，即先按纳税人从境内和境外取得的全部工资薪金所得计算应纳税额，再根据境内外工作时间及境内外收入支付比例，对税额进行划分，计算确定应纳税额。

个人所得税法修改后，无住所居民个人的工资薪金所得应并入综合所得，不再单独计算税额，难以继续采取“先税后分”的方法，《公告》将计税方法调整为“先分后税”，即先根据境内外工作时间及境内外收入支付比例，对工资薪金收入额进行划分，计算在境内应计税的工资薪金收入额，再据此计算应纳税额。计税方法调整后，无住所个人仅就其在境内应计税的收入额确定适用税率，降低了适用税率和税负，计税方法更加合理。

无住所个人境内计税的工资薪金收入额的计算，具体分为以下四种情况：

情况一：无住所个人在境内居住不超过 90 天的，其取得由境内支付的境内工作期间工资薪金收入额为在境内应计税的工资薪金收入额。

情况二：无住所个人在境内居住时间累计超过 90 天不满 183 天的，其取得全部境内所得（包括境内支付和境外支付）为在境内应计税的工资薪金收入额。

情况三：无住所个人在境内居住累计满 183 天的年度连续不满六年的，符合实施条例第四条规定优惠条件的，境外支付的境外所得不计入在境内应计税的工资薪金收入额，免予缴税；全部境内所得（包括境内支付和境外支付）和境内支付的境外所得为在境内应计税的工资薪金收入额。

情况四：无住所个人在境内居住累计满 183 天的年度连续满六年后，不符合实施条例第四条规定优惠条件的，其从境内、境外取得的全部工资薪金所得均计入在境内应计税的工资薪金收入额。

对于无住所个人一个月内取得多笔对应不同归属工作期间的工资薪金所得的，应当按照每笔工资薪金所得的归属期间，分别计算每笔工资薪金在境内应计税的收入额，再加总计算为当月工资薪金收入额。

税收协定另有规定的，可以按照税收协定的规定办理。

二、无住所个人税款的计算

（一）关于非居民个人税款计算的规定

1. 非居民个人工资、薪金的计税方式

根据35号公告的规定，非居民个人当月取得工资、薪金所得，以按照本章前述计算方法计算的当月收入额，减去税法规定的减除费用后的余额，为应纳税所得额，适用按月换算后的综合所得税率表（以下称月度税率表，见表4–1）计算应纳税额。

表4–1　按月换算后的综合所得税率表

级数	全月应纳税所得额	税率	速算扣除数
1	不超过3 000元的	3%	0
2	超过3 000元至12 000元的部分	10%	210
3	超过12 000元至25 000元的部分	20%	1 410
4	超过25 000元至35 000元的部分	25%	2 660
5	超过35 000元至55 000元的部分	30%	4 410
6	超过55 000元至80 000元的部分	35%	7 160
7	超过80 000元的部分	45%	15 160

2. 非居民个人劳务报酬所得、稿酬所得、特许权使用费所得计税方式

对于非居民个人取得来源于境内的劳务报酬所得、稿酬所得、特许权使用费所得，应以税法规定的每次收入额为应纳税所得额，适用上述月度税率表计算应纳税额。

我们需要了解，非居民个人没有综合所得的概念，仍采用分类计税的方式。非居民个人取得的工资、薪金所得不需要与其他所得合并，也不需要按年计税，依然采取单独计算、按月计税的方式。与工资、薪金所得同理，非居民个人取得的来源于境内的劳务报酬所得、稿酬所得、特许权使用费所得在计税方式上与居民个人有所区别。其取得的所得不与其他所得合并，应直接扣除 20% 的费用，同时稿酬所得可以再减按 70% 计算收入额，适用月度税率表进行单独计税。

下面我们来介绍非居民的个人劳务报酬所得、稿酬所得、特许权使用费所得的收入、收入额、应纳税所得额这三个概念的联系与区别。

收入额：劳务报酬所得、稿酬所得、特许权使用费所得以每次收入减除费用后的余额为收入额，其中稿酬所得的收入额可以再减按 70% 计算。

收入额 = 收入 − 费用

上述中的费用，即劳务报酬所得、稿酬所得、特许权使用费所得的费用，按 20% 计算。

应纳税所得额：以上三项所得，以每次收入额为扣缴税款的应纳税

所得额，计算应纳税额。因此，应纳税所得额 = 收入额。

综上所述，非居民个人工资、薪金所得应以每月收入额减除 5 000 元费用后的余额为应纳税所得额；劳务报酬所得、稿酬所得、特许权使用费所得以收入减除 20% 的费用后的余额为收入额，其中稿酬所得的收入额再减按 70% 计算，也就是说，稿酬的收入减除 20% 的费用后的余额，再乘以 70% 后的金额，才是收入额。以上三项所得的收入额为应纳税所得额。由此我们可以看出，稿酬整体减除了 44% 的费用，仅对 56% 的收入征税。虽然稿酬和劳务报酬、特许权使用费的适用税率是相同的，但稿酬所得通过降低应纳税所得额的方式，延续了旧税制下对稿酬所得的低税负优惠。

我们举例说明。

INDIVIDUAL INCOME TAX

案例 4–5

假设非居民个人 Z 先生 2019 年度在中国境内居住天数超过 90 天不满 183 天，2019 年 4 月取得当月的工资、薪金 15 000 元，以及我国境内出版社支付的稿酬 8 000 元。如果 Z 先生 4 月均在中国境内工作（境内工作天数为 30 天），那么他在我国应该如何缴纳个人所得税？

由于 Z 先生 2019 年度在中国境内居住天数超过 90 天不满 183 天，因此应就其在中国境内工作期间取得的工资、薪金所得 15 000 元和境内出版社支付的稿酬所得 8 000 元在我国缴纳个人所得税，并且分别适用非居民个人月度税率表。

Z 先生工资、薪金应纳税所得额 =15 000–5 000=10 000（元）

工资、薪金所得应纳税额 =10 000 × 10%–210=790（元）

Z 先生取得的 8 000 元稿酬所得，需单独计算个人所得税。

Z 先生稿酬应纳税所得额 =8 000 ×（1–20%）×（1–30%）=4 480（元）

Z 先生稿酬应纳税额 =4 480 × 10%–210=238（元）

（二）关于无住所居民个人税款计算的规定

根据 35 号公告的规定，无住所居民个人取得综合所得，年度终了后，应按年计算个人所得税；有扣缴义务人的，由扣缴义务人按月或者按次预扣预缴税款；需要办理汇算清缴的，按照规定办理汇算清缴，年度综合所得应纳税额计算公式[1]如下：

年度综合所得应纳税额 =（年度工资薪金收入额 + 年度劳务报酬收入额 + 年度稿酬收入额 + 年度特许权使用费收入额 – 减除费用 – 专项扣除 – 专项附加扣除 – 依法确定的其他扣除）× 适用税率 – 速算扣除数

年度工资、薪金收入额及劳务报酬、稿酬、特许权使用费收入额分别按年度内每月工资、薪金收入额以及每次劳务报酬、稿酬、特许权使用费收入额合计数额计算。

[1] 35 号公告中的公式四。

我们举例说明。

INDIVIDUAL
INCOME TAX **案例 4–6**

Z 先生在某企业任职，在境外无任职受雇关系，2019 年度全年未离境。2019 年 1–12 月每月在该企业取得工资、薪金收入 16 000 元，无免税收入；每月缴纳“三险一金”2 500 元，从 1 月份开始享受子女教育和赡养老人专项附加扣除共计 3 000 元，无其他扣除。另外，2019 年 5 月取得劳务报酬收入 3 000 元、稿酬收入 2 000 元，6 月取得劳务报酬收入 30 000 元、特许权使用费收入 2 000 元。

年收入额 = 工资、薪金所得收入额 + 劳务报酬所得收入额 + 稿酬所得收入额 + 特许权使用费所得收入额 =16 000 × 12+（3 000+30 000）×（1–20%）+2 000 ×（1–20%）× 70%+2 000 ×（1–20%）=221 120（元）

综合所得应纳税所得额 = 年收入额 –6 万元 – 专项扣除 – 专项附加扣除 – 依法确定的其他扣除 =221 120–60 000–（2 500 × 12）–（3 000 × 12）=95 120（元）

应纳税额 = 应纳税所得额 × 税率 – 速算扣除数 =95 120 × 10%–2 520=6 992（元）

由以上分析可以看出，无住所居民个人税款的计算方式与有住所居民个人思路上基本相同，其取得的工资、薪金及劳务报酬、稿酬和特许权使用费收入按年计算个人所得税，由扣缴义务人按月或者按次预扣预缴税款，年度终了后，需要办理汇算清缴的，按照规定办理汇算清缴。简单地讲，就是按年计算，按月预扣预缴，再年度汇算清缴。具体的计算方法大家可以结合上述公式四来看。

而对于非居民个人当月取得的工资、薪金所得，依然是按月计税，应该按照本节前述的规则计算出当月收入额，减去每月 5 000 元的减除费用后，计算出应纳税所得额，适用月度税率表来最终计算应纳税额。

特别需要注意的是，关于无住所个人的收入额及税款的计算方式与旧税制相比一个非常大的变化，就是从旧法的先税后分，改成先分后税。

我们举例说明。

INDIVIDUAL INCOME TAX 案例 4-7

非居民个人彼得先生 2019 年度在境内和境外同时担任职务，当月工资当月发放。年度内在华居住天数不满 90 天，2019 年 11 月取得的当月全部工资收入为 120 000 元人民币，该笔工资收入全部由境内企业支付并负担，当月在华工作天数为 15 天。

新旧税制下的对比见表 4-2。

表 4-2　　金额单位：元

项　目	旧税制下（先税后分）	新税制下（先分后税）
境内外全部工资收入	120 000	120 000
收入额	120 000	120 000 × 15/30=60 000
减除费用	5 000	5 000
应纳税所得额	115 000	55 000

续表

项　目	旧税制下（先税后分）	新税制下（先分后税）
适用税率	45%	30%
速算扣除数	15 160	4 410
应纳税额	（115 000×45%−15 160）×15/30=18 295	55 000×30%−4 410=12 090

由此可以看出，在旧税制下，以彼得先生取得的工资、薪金 120 000 元作为收入额扣除减除 5 000 元费用后为应纳税所得额，然后找对应的适用税率及速算扣除数计算出对应的应纳税额，再乘以支付比和天数比，对应纳税额进行划分，计算出应在我国缴纳的税款。而在新税制下，将彼得先生取得的工资、薪金 120 000 元先乘以支付比和天数比进行划分，计算出应在我国纳税的收入额后，再计算出应在我国缴纳的税款。由于我国个人所得税适用的是累进税率，该计算方法的改变，可以降低其适用税率的级次。彼得先生在旧税制“先税后分”的计税方法下，其适用税率为 45%，而在新税制“先分后税”的计税方法下，其适用税率为 30%，税负得到了较大程度的降低。

三、外籍个人津补贴的相关规定

根据《财政部税务总局关于个人所得税法修改后有关优惠政策衔接问题的通知》（财税〔2018〕164 号）第七条关于外籍个人津补贴的规定，2019 年 1 月 1 日至 2021 年 12 月 31 日期间，外籍个人符合居民个人条件的，可以选择享受个人所得税专项附加扣除，也可以选择按照《财政部 国家税务总局关于个人所得税若干政策问题的通知》（财税〔1994〕20号）、《国家税务总局关于外籍个人取得有关补贴征免个人所得税执行问题的通知》（国税发〔1997〕54号）和《财政部 国家税务总局关于外籍个人取得港澳地区住房等补贴征免个人所得税的通知》（财税〔2004〕29号）规定，享受住房补贴、语言训练费、子女教育费等津补贴免税优惠政策，但不得同时享受。外籍个人一经选择，在一个纳税年度内不得变更。

自2022年1月1日起，外籍个人不再享受住房补贴、语言训练费、子女教育费津补贴等3项免税优惠政策，可以按规定享受专项附加扣除和剩余的5项津补贴。

35号公告进一步明确，无住所居民个人为外籍个人的，2022年1月1日前计算工资、薪金收入额时，已经按规定减除住房补贴、子女教育费、语言训练费等八项津补贴的，不能同时享受专项附加扣除。

由此可以看出，2019年1月1日至2021年12月31日的过渡期间，符合居民个人条件的外籍个人，可以在个人所得税专项附加扣除和可免税的八项津补贴两项政策之间进行选择。需要注意的是，这个选择权是大项的选择，而不是小项的选择。也就是说，外籍居民个人在选择了享受八项津补贴中的其中一项或多项免税政策（如探亲费）后，就不能再选择专项附加扣除中的子女教育或其他任意一项进行税前扣除。

对于这一问题，《财政部税政司 税务总局所得税司 税务总局国际税务司关于非居民个人和无住所居民个人有关个人所得税政策问题的解答》中的第六问也进行了阐述。

问：无住所居民个人取得综合所得，如何计算缴税？

答：《公告》规定，无住所居民个人取得综合所得，年度终了后，应将年度工资薪金收入额、劳务报酬收入额、稿酬收入额、特许权使用费收入额汇总，计算缴纳个人所得税。需要办理汇算清缴的，依法办理汇算清缴。

无住所居民个人在计算综合所得收入额时，可以享受专项附加扣除。其中，无住所居民个人为外籍个人的，2022 年 1 月 1 日前计算工资薪金收入额时，可以选择享受住房补贴、子女教育费、语言训练费等八项津补贴优惠政策，也可以选择享受专项附加扣除政策，但二者不可同时享受。

需要注意的是，外籍个人选择享受住房补贴、子女教育费、语言训练费等八项津补贴，一定要合规，注意规避相关涉税风险。

我们可以通过下面的资料来加深理解。

延伸阅读

补贴疑云：外企高福利背后的税收真相

案情

在分析 H 销售公司的申报数据时，检查人员发现，企业外国员工补贴数额超过其收入的50%，远高于同类企业20%的福利水平。企业高额员工补贴用在了哪些地方？税前支出项目是否合规？检查人员对企业的90多箱凭证进行了仔细核查，最终找到了高福利背后的真相。

1. 外国员工收入过半为补贴

H资源产品销售公司为某全球500强企业在京设立的独资企业，年营业收入超过100亿元，净利润约7亿元。该企业主要从事集团公司产品销售业务，同时承担着集团公司在东亚区总部的管理职能，企业在京的外国员工有近百人。

北京市地税局第五稽查局检查人员在分析H销售公司涉税数据时发现，该企业个人所得税明细申报数据中税前列支补贴数额较高，部分外国员工补贴数额甚至超过其收入总额的50%，远高于同类“三资”企业20%的平均福利水平。检查人员认为，该企业在员工补贴的账务处理方面疑点较大，决定对其实施税收检查。

但检查刚刚开始，检查人员就遇到了难题。该公司仅一个核算年度的账簿凭证就有800多箱，并且其中大多数凭证为外文（包括英文、韩文、日文等多国文字）。询问企业财务人员后，检查人员了解到，该公司已将财务工作全部外包给了东南亚的一家财务公司，由于H销售公司呈报总部的报表也为英文，因此该财务公司在为H销售公司处理账目时全部用英文记账。在此之前，北京市国税局和地税局都对企业用英文处理账务提出过异议，但该企业仍未调整记账方式。

检查人员指出，根据《中华人民共和国税收征收管理法实施细则》第二十七条规定，企业账簿、会计凭证和报表，应当使用中文。检查人员向企业下发了《责令限期改正通知书》，要求其将账簿和报表翻译成中文，并对企业处以 8 000 元罚款。同时，检查人员建议企业利用 Office 软件文字替换功能，以提高账目信息中英文转换的工作效率。最终，H 销售公司按照检查人员的要求，勉强将账簿和报表译成了中文。

结合该企业在员工补贴方面的疑点，检查人员从企业外国员工以非现金或实报实销形式取得的住房补贴、伙食补贴、洗衣费、搬迁费、出差补贴、探亲费、语言训练费和子女教育费等项目入手，对企业外国员工享受上述八项补贴税收优惠政策的实际情况，以及是否存在违规税前列支行为实施检查。

为提高检查效率，检查人员成立了由两名人员组成的机动翻译小组，专门处理检查过程中凭证信息的外文翻译工作。同时，将检查范围缩小至仅包括企业外国员工报销的补贴凭证，以及企业销售额前十名员工的全部凭证。鉴于企业账目中凭证数量多（缩小范围后仍然有 90 多箱），检查人员采取了在电子账目中检索关键词的方法，将企业税前列支的个人补贴进行区分分类，整理制作出分类统计表，以便于进行横向和纵向的数据比较和分析。

2. 教育、住房补贴有“水分”

检查人员发现，H 销售公司为外国员工报销子女在海外的学费、注册费等，均未代扣代缴个人所得税。国税发〔1997〕54 号文件第五条规定：“对外籍个人取得的语言培训费和子女教育费补贴免征个人所得税，应由纳税人提供在中国境内接受上述教育的支出凭证和期限证明材料，由主管税务机关审核，对其在中国境内接受语言培训以及子女在中国境内接受教育取得的语言培训费和子女教育费补贴，且在合理数额内的部分免予纳税。”检查人员认为，依据文件规定，该公司对员工提供的海外教育费不是在我国境内接受教育而支付的费用，因此不能免征个人所得税。此外，教育费用应为直接用于教育的支出，外国员工子女上学期间的饭费、校车费等非教育类支出，也不能列入个人所得税免税补贴范围。

H 销售公司还为部分外国员工税前列支报销了钢琴培训费、健身费等费用。该企业认为，这些费用属于培训费的范畴，可以享受外籍个人免税补贴优惠政策。对此，检查人员表示，国税发〔1997〕54 号文件中明确规定，在我国境内接受语言培训的合理费用补贴可以免予纳税。这一免税政策主要是针对外籍人员个人语言不通，需要培训的问题而给予的税收优惠，而 H 销售公司报销的培训费用显然并不属于这一情形。

在凭证核查过程中，检查人员发现，H 销售公司为外国员工家属报销了探亲往返的机票费用，并且未申报缴纳个人所得税。国税函〔2001〕336 号文件第一条规定：“可以享受免征个人所得税优惠待遇的探亲费，仅限于外籍个人在我国的受雇地与其家庭所在地（包括配偶或父母居住地）之间搭乘交通工具且每年不超过两次的费用。”按照这一规定，外国员工家属的交通费不能税前列支免征个人所得税。检查人员当即向 H 销售公司财务人员指出了这一问题，由于机票凭证均为实名，H 销售公司对此无话可说，表示认可检查人员意见。

此外，检查人员发现，H 销售公司在向外国员工提供住房补贴的同时，将与住房相关的水电费、物业费，甚至打扫房间保洁员的费用也一并纳入免税补贴范围，进行了税前列支。对此，H销售公司解释称，既然财税字〔1994〕20号和（1988）财税外字第21号文件规定，外籍个人以非现金形式和实报实销形式取得的住房补贴可免征个人所得税，那么其相关费用也均应享受免税政策。

对此，检查人员表示，法规中明确的住房补贴应为房屋租金等直接支出，将众多附加费用支出列入住房补贴费用享受免税待遇，是不符合政策精神的。检查人员认为，依据相关规定和北京市地税局根据“三资”企业管理实践制定的《外籍个人八项补贴核查工作指引》，除房屋租金补贴外，物业费、水电费、宽带费、清洁费和保险柜租金等附加费用，不应作为住房补贴支出享受免税政策。

3. 培训凭证现假票

检查人员在仔细查阅H销售公司外国员工补贴报销凭证时，发现一个奇怪的现象：一名外国员工用于报销的语言培训费发票的开具方是“B咨询公司”。涉外语言培训服务通常由知名语言培训机构提供，为何这名员工找了一家并不起眼的咨询公司？检查人员对这家咨询公司进行了外部调查，结果显示，这家公司主营业务为停车管理，与语言培训毫无关系。

检查人员在H销售公司的数千张凭证中，找出了由B咨询公司为该名外国员工开具的全部共8张发票，发现发票号码连续，时间跨度从2013年1月至2014年6月。后经票证中心鉴定，这8张发票均为假发票。由于该外国员工现已离职出境，检查人员无法进一步核实详细情况，

H 销售公司又无法重新提供有效的费用凭证及证明，因此，检查人员对此发票涉及的相关费用进行了纳税调整，调增个人所得税应纳税所得额 5.6 万元。

经过检查人员的努力，北京市地税局第五稽查局最终查实，H 销售公司在子女教育费、探亲费、住房补贴、培训费等外国员工补贴项目上存在扩大免税范围、违规税前列支等问题。根据企业违法事实，该局下发了《责令限期改正通知书》，依法对企业作出补缴个人所得税 1 600 余万元，并处 1 200 万元罚款的处理决定。

（资料来源：冷文娟，张欣，李静．补贴疑云：外企高福利背后的税收真相［N］．中国税务报，2017-06-13.）

点评：细化外籍人员补贴免税标准

本案是一个典型的外资企业通过违规扩大外国员工补贴税前列支范围，以达到少缴个人所得税的案件。本案的成功查办，得益于检查人员对企业违规费用的精准核查，以及对相关政策法规的准确把握和适用。本案的查办经验，对于外资企业个人所得税税收检查具有一定借鉴意义。

本案涉案企业出现的问题不是个例。目前，不少外资企业在外国员工个人所得税代扣代缴方面，存在滥用外籍个人补贴免税优惠政策，故意扩大补贴项目范围，逃避纳税义务的问题。出现这一问题的原因，主要是现行外籍个人所得税税前扣除优惠政策，在外籍个人补贴免税的适用范围、执行标准方面缺乏细化的规定和指标，这不仅使一些外企有了随意扩大税前支出范围的空间，也给税务机关审核外企免税补贴等支出的合理性，加强外籍个人个人所得税管理带来了不便。

为完善外籍在华人员个人所得税优惠政策，堵塞征管漏洞，最大限度避免外资企业和个人滥用优惠政策，防止税收流失，我认为，应对现有外籍个人八项补贴的个人所得税优惠政策进行完善，对于子女教育费、伙食补贴等难以划定合理判定标准的补贴优惠项目予以取消。对于确实需要保留的免税补贴优惠政策，应颁布相关标准和细则，明确免税扣除项目的适用范围、执行标准，以堵塞企业“操作空间”，也给税务人员审核管理带来方便。例如，对于实报实销的住房补贴，可参考国内住房公积金管理模式，以外国员工工资的一定比例作为扣除标准，并对扣除总额设上限，明确免税范围。

点评人：北京市地税局第五稽查局局长　史小军

四、粤港澳大湾区个人所得税优惠政策

根据《财政部 税务总局关于粤港澳大湾区个人所得税优惠政策的通知》（财税〔2019〕31号）的规定，为支持粤港澳大湾区建设，对大湾区实施如下个人所得税优惠政策：

“一、广东省、深圳市按内地与香港个人所得税税负差额，对在大湾区工作的境外（含港澳台，下同）高端人才和紧缺人才给予补贴，该补贴免征个人所得税。

二、在大湾区工作的境外高端人才和紧缺人才的认定和补贴办法，

按照广东省、深圳市的有关规定执行。

三、本通知适用范围包括广东省广州市、深圳市、珠海市、佛山市、惠州市、东莞市、中山市、江门市和肇庆市等大湾区珠三角九市。

四、本通知自 2019 年 1 月 1 日起至 2023 年 12 月 31 日止执行”。

第五章

关于非居民个人取得数月奖金或股权激励所得的特殊规定

对于非居民个人取得数月奖金或股权激励所得的情形，我们首先要掌握一个大原则：数月奖金或者股权激励所得是因其任职受雇而取得的所得，因此属于工资、薪金所得的大范畴，但它是一种比较特殊的工资、薪金。本章将从所得来源地、收入及收入额的确认、应纳税额的计算等方面介绍关于数月奖金或股权激励所得的特殊规定。

一、数月奖金或股权激励的所得来源地判定

根据《财政部 税务总局关于非居民个人和无住所居民个人有关个人所得税政策的公告》（财政部 税务总局公告2019年第35号，以下简称35号公告）第一条的规定，无住所个人取得的数月奖金或者股权激励所得按照工资、薪金所得来源地的规则（前面第三章中已有讲解）确定所得来源地的，无住所个人在境内履职或者执行职务时收到的数月奖金或者股权激励所得，归属于境外工作期间的部分，为来源于境外的工资、薪金所得；无住所个人停止在境内履约或者执行职务离境后收到的数月奖金或者股权激励所得，归属于境内工作期间的部分，为来源于境内的工资、薪金所得。具体计算方法为：数月奖金或者股权激励乘以数

月奖金或者股权激励所属工作期间境内工作天数与所属工作期间公历天数之比。

由35号公告第一条的规定可知，无住所个人取得的数月奖金或者股权激励所得的来源地判定规则与工资、薪金的相关规则基本一致，遵循劳务发生地规则，也就是说，归属于境内工作期间的部分，为来源于境内的工资、薪金所得。而数月奖金或股权激励所得与工资、薪金所得相比，其特殊性在于，数月奖金或股权激励的发放可能具有延迟性，就是说无住所个人可能会在离境后收到数月奖金或者股权激励所得。对于这部分所得而言，其归属于境内工作期间的部分，为来源于境内的工资、薪金所得。

在这里大家需要注意，如果是高管人员取得了数月奖金或者股权激励所得，需要在遵循劳务发生地规则的基础上，进一步遵循支付地规则。在此需要强调，本章内容不适用于董事、监事、高管人员薪酬收入的境内外收入划分和计税问题。高管人员纳税义务的划分及收入额的计算，我们将在后面为大家讲解，这里介绍的是一般员工的计税方法。

数月奖金或股权激励所得的应纳税收入额，应当按照相关个人在收入所属工作期间的境内工作天数计算，也就是总所得乘以所属工作期间天数比。根据这种计算方法，无住所个人停止在境内履约或者执行职务离开中国后收到的数月奖金，其归属于我国境内工作期间的部分，仍为来源于中国境内的工资、薪金所得。具体计算公式为：

$$\text{数月奖金或者股权激励收入额}=\text{全部数月奖金或者股权激励收入}\times\frac{\text{数月奖金或者股权激励所属工作期间境内工作天数}}{\text{所属工作期间公历天数}}$$

二、数月奖金或股权激励的收入确认

前面我们讲到，对于数月奖金或者股权激励收入额，应通过数月奖金或者股权激励收入乘以对应的天数比进行划分。因此，我们首先应该了解如何对数月奖金或者股权激励收入进行确认。

1. 数月奖金的收入确认

根据 35 号公告第一条第二款的规定，数月奖金是指一次取得归属于数月的奖金、年终加薪、分红等工资、薪金所得，不包括每月固定发放的奖金及一次性发放的数月工资。股权激励包括股票期权、股权期权、限制性股票、股票增值权、股权奖励以及其他因认购股票等有价证券而从雇主取得的折扣或者补贴。

数月奖金所得按发放金额确认即可。接下来，我们介绍一下各种股权激励所得的确认方式。

2. 股票期权的收入确认

根据《财政部 国家税务总局关于个人股票期权所得征收个人所得

税问题的通知》(财税〔2005〕35号)第一条的规定，企业员工股票期权(以下简称股票期权)是指上市公司按照规定的程序授予本公司及其控股企业员工的一项权利，该权利允许被授权员工在未来时间内以某一特定价格购买本公司一定数量的股票。

上述“某一特定价格”被称为“授予价”或“施权价”，即根据股票期权计划可以购买股票的价格，一般为股票期权授予日的市场价格或该价格的折扣价格，也可以是按照事先设定的计算方法约定的价格；“授予日”，也称“授权日”，是指公司授予员工上述权利的日期；“行权”，也称“执行”，是指员工根据股票期权计划选择购买股票的过程；员工行使上述权利的当日为“行权日”，也称“购买日”。

我们举例说明。

INDIVIDUAL INCOME TAX **案例 5-1**

无住所个人杰克 2019 年 1 月 1 日取得某上市公司授予的股票期权 10 000 股，授予日股票价格为 10 元，授予期权价格为 8 元，按规定可在 2020 年 1 月份行权。杰克在 2020 年 1 月 28 日行权，行权当天股票收盘价为 16 元。

杰克在 2019 年 1 月 1 日（授予日）取得的某上市公司授予的权利就是股票期权，该公司允许杰克在未来某时间内（2020 年 1 月份），以特定的价格 8 元（该价格是 2019 年 1 月 1 日授予日股票市场价格 10 元的折扣价格）购买该公司的股票。2020 年 1 月 28 日是杰克的购买日，也是行权日，当天杰克以每股 8 元的价格购买了 10 000 股市场价格已达 16 元的该公司股票。

财税〔2005〕35 号文件第二条第一款进一步明确，员工接受实施股票期权计划企业授予的股票期权时，除另有规定外，一般不作为应税所得征税。

员工行权时，其从企业取得股票的实际购买价（施权价）低于购买日公平市场价（指该股票当日的收盘价，下同）的差额，是因员工在企业的表现和业绩情况而取得的与任职、受雇有关的所得，应按“工资、薪金所得”适用的规定计算缴纳个人所得税。

对因特殊情况，员工在行权日之前将股票期权转让的，以股票期权的转让净收入，作为工资、薪金所得征收个人所得税。

员工行权日所在期间的工资、薪金所得，应按下列公式计算工资、薪金应纳税所得额：

股票期权形式的工资薪金应纳税所得额 =（行权股票的每股市场价 − 员工取得该股票期权支付的每股施权价）× 股票数量

我们继续举例说明。

INDIVIDUAL INCOME TAX **案例 5–2**

（承案例 5–1）杰克在 2019 年 1 月 1 日接受我国境内某上市公司授

予的股票期权计划时，不征收个人所得税。杰克在2020年1月28日行权时，股票的实际购买价8万元（8元/股×10 000股）低于购买日股票公允价格16万元（16元/股×10 000股）的差额，应按“工资、薪金所得”适用的规定计算缴纳个人所得税。

杰克的应纳税所得额=（16元/股–8元/股）×10 000股=80 000元

但如果杰克在2020年1月28日行权日之前因特殊情况将股票期权转让，则以股票期权的转让净收入，作为工资、薪金所得征收个人所得税。

3. 股票增值权的收入确认

根据《财政部 国家税务总局关于股票增值权所得和限制性股票所得征收个人所得税有关问题的通知》（财税〔2009〕5号）第二条、《国家税务总局关于股权激励有关个人所得税问题的通知》（国税函〔2009〕461号）第二条的规定，股票增值权，是指上市公司授予公司员工在未来一定时期和约定条件下，获得规定数量的股票价格上升所带来收益的权利。被授权人在约定条件下行权，上市公司按照行权日与授权日二级市场股票差价乘以授权股票数量，发放给被授权人现金。

股票增值权被授权人获取的收益，是由上市公司根据授权日与行权日股票差价乘以被授权股数，直接向被授权人支付的现金。上市公司应于向股票增值权被授权人兑现时依法扣缴其个人所得税。股票增值权被授权人应纳税所得额的计算公式为：

$$\text{股票增值权某次行权应纳税所得额}=\left(\text{行权日股票价格}-\text{授权日股票价格}\right)\times\text{行权股票份数}$$

我们举例说明。

INDIVIDUAL INCOME TAX **案例 5-3**

2019 年 2 月 5 日，激励对象 Stephen 获得了所在上市公司授予的 10 万份股票增值权，授予价格为 15 元 / 股，共分 3 期兑现。假定 2022 年 2 月 5 日业绩考核符合标准，并按计划兑现股票增值权总量 40% 的增值额，当日该公司股票的收盘价格为 24 元 / 股。

行权日 Stephen 的应纳税所得额 =（行权日股票价格 – 授权日股票价格）× 行权股票份数 =（24–15）× 100 000 × 40%=360 000（元）

4. 限制性股票的收入确认

根据财税〔2009〕5 号文件第三条、国税函〔2009〕461 号文件第三条的规定，限制性股票，是指上市公司按照股权激励计划约定的条件，授予公司员工一定数量本公司的股票。

按照《个人所得税法》及其实施条例等有关规定，原则上应在限制性股票所有权归属于被激励对象时确认其限制性股票所得的应纳税所得额。即：上市公司实施限制性股票计划时，应以被激励对象限制性股票在中国证券登记结算公司（境外为证券登记托管机构）进行股票登记日期的股票市价（指当日收盘价，下同）和本批次解禁股票当日市价（指当日收盘价，下同）的平均价格乘以本批次解禁股票份数，减去被激励对象本批次解禁股份数所对应的为获取限制性股票实际支付资金数额，其差额为应纳税所得额。被激励对象限制性股票应纳税所得额的计算公式为：

应纳税所得额 =（股票登记日股票市价 + 本批次解禁股票当日市价）÷ 2× 本批次解禁股票份数 – 被激励对象实际支付的资金总额 ×（本批次解禁股票份数 ÷ 被激励对象获取的限制性股票总份数）

我们举例说明。

INDIVIDUAL INCOME TAX

案例 5–4

渤海股份 2019 年 6 月实施了限制性股票激励计划。激励计划以渤海股份的股票为标的，激励对象范围包括上市公司的高级管理人员和核心员工。朴先生被授予的股权激励是上市公司渤海股份的限制性股票 10 万股，授予价格 5.00 元，股权登记日收盘价 10.00 元，限制性股票在 2020 年 6 月、2020 年 12 月分批解锁。第一次解锁期满日收盘价 12.00 元。解锁安排：等待期 1 年，之后分两次解锁，解锁比例各为 50%。

2020 年 6 月，第一批解锁的限制性股票的应纳税所得额 =（10.00+12.00）/2 × 5–5.00 × 10 × 50%=30（万元）。

5. 股权奖励的收入确认

《财政部 国家税务总局关于将国家自主创新示范区有关税收试点政策推广到全国范围实施的通知》(财税〔2015〕116号)第四条第二项规定，股权奖励的计税价格参照获得股权时的公平市场价格确定。《国家税务总局关于股权奖励和转增股本个人所得税征管问题的公告》(国家税务总局公告2015年第80号)第一条第一款进一步明确，股权奖励的计税价格参照获得股权时的公平市场价格确定，具体包括以下方法:(1)上市公司股票的公平市场价格，按照取得股票当日的收盘价确定。取得股票当日为非交易时间的，按照上一个交易日收盘价确定。(2)非上市公司股权的公平市场价格，依次按照净资产法、类比法和其他合理方法确定。

特别需要强调的是，以上我们介绍的是数月奖金以及股权激励的收入应如何进行确认，但对于无住所个人数月奖金或者股权激励收入额的确认，还是要通过境内工作天数的占比进行划分。同时，对于无住所个人一个月内取得多笔境内外数月奖金或者股权激励的情形，根据35号公告的规定，应当先分别按照该公告规定计算不同归属期间来源于境内的所得，然后再加总计算当月来源于境内的数月奖金或者股权激励收入额。

对于这一问题，可以结合《财政部税政司 税务总局所得税司 税务总局国际税务司关于非居民个人和无住所居民个人有关个人所得税政策问题的解答》中第三问的解释来理解。

问：无住所个人取得数月奖金、股权激励所得，如何划分境内所得和境外所得？

答：数月奖金是指无住所个人一次取得归属于数月的奖金（包括全年奖金）、年终加薪、分红等工资薪金所得，不包括每月固定发放的奖金及一次性发放的数月工资。

股权激励包括股票期权、股权期权、限制性股票、股票增值权、股权奖励以及其他因认购股票等有价证券而从雇主取得的折扣或补贴。

数月奖金和股权激励属于工资薪金所得，无住所个人取得数月奖金、股权激励，均应按照工资薪金所得来源地判定规则划分境内和境外所得。《公告》针对数月奖金和股权激励的特殊情形，在工资薪金所得来源地判定规则基础上，进一步细化规定：

一是无住所个人在境内履职或者执行职务时，收到的数月奖金或者股权激励所得，如果是归属于境外工作期间的所得，仍为来源于境外的工资薪金所得。

二是无住所个人停止在境内履约或执行职务离境后，收到归属于其在境内工作期间的数月奖金或股权激励所得，仍为来源于境内的所得。

三是无住所个人一个月内从境内、境外单位取得多笔数月奖金或者股权激励所得，且数月奖金或者股权激励分别归属于不同期间的，应当按照每笔数月奖金或者股权激励的归属期间，分别计算每笔数月奖金或者股权激励的收入额后，然后再加总计算当月境内数月奖金或股权激励收入额。

需要说明的是，高管人员取得的数月奖金、股权激励，按照高管人员工资薪金所得的规则，划分境内、境外所得。

三、数月奖金或股权激励应纳税额的计算

在了解了如何计算数月奖金或者股权激励收入额之后，我们来看其应纳税额的计算方法。

（一）无住所居民个人取得的数月奖金或股权激励所得的应纳税额的计算

无住所居民个人取得的数月奖金或股权激励所得与有住所居民个人的计税方式是相同的，全年一次性奖金或上市公司股权激励按《财政部关于个人所得税法修改后有关优惠政策衔接问题的通知》（财税〔2018〕164号）执行。

1. 无住所居民个人取得数月奖金所得的计税方法

无住所居民个人取得的数月奖金符合全年一次性奖金条件的，应根据财税〔2018〕164号文件第一条规定执行，即：居民个人取得全年一次性奖金，符合国税发〔2005〕9号文件规定的，在2021年12月31日前，

不并入当年综合所得，以全年一次性奖金收入除以 12 个月得到的数额，按照该通知所附按月换算后的综合所得税率表（以下简称月度税率表），确定适用税率和速算扣除数，单独计算纳税。简单地讲，就是按老办法计税。

计算公式为：

应纳税额 = 全年一次性奖金收入 × 适用税率 – 速算扣除数

需要注意的是，全年一次性奖金计算个税时不减除 5 000 元、专项扣除、专项附加扣除和依法确定的其他扣除。员工实际工作不满 12 个月的，也除以 12 找税率和速算扣除数。

值得一提的是，该计算公式和国税发〔2005〕9 号文件规定的老办法有一个区别，就是在发放年终一次性奖金的当月，不再减除工资、薪金所得低于税法规定的费用扣除额 5 000 元时两者的差额。

我们通过下面的案例来看一下这个区别。

INDIVIDUAL INCOME TAX 案例 5–5

某公司员工张先生 2019 年 1 月份取得工资、薪金收入为 4 000 元，取得全年一次性奖金为 30 000 元。

新税制下，如果单独计税，应该将张先生的全年一次性奖金 30 000 元除以 12 后，通过月度税率表，找到对应的适用税率为 3%，速算扣除数为 0，不再考虑当月工资与 5 000 元费用扣除标准的差额，计算过程如下：

30 000×3%=900（元）

财税〔2018〕164号文件还规定，居民个人取得全年一次性奖金，也可以选择并入当年综合所得计算纳税。自2022年1月1日起，居民个人取得全年一次性奖金，则应并入当年综合所得计算缴纳个人所得税。

也就是说，财税〔2018〕164号文件对全年一次性奖金给了三年的过渡期，纳税人在2019年1月1日至2021年12月31日期间取得的全年一次性奖金，可以选择不并入当年综合所得，以奖金全额除以12个月的数额，按照综合所得月度税率表，确定适用税率和速算扣除数，单独计算纳税，有助于避免部分纳税人因全年一次性奖金并入综合所得而增加税收负担。

2. 无住所居民个人取得上市公司股权激励所得的计税方法

财税〔2009〕5号文件第一条规定：对于个人从上市公司（含境内、境外上市公司，下同）取得的限制性股票所得，比照股票期权的有关规定，计算征收个人所得税。也就是说，个人从上市公司取得的限制性股票所得的计税方法与股票期权的计税方法相同。财税〔2018〕164号第二条规定，居民个人取得限制性股票，符合财税〔2005〕35号、财税〔2009〕5号文件规定的相关条件的，在2021年12月31日前，不并入当年综合所得，全额单独适用综合所得税率表，计算纳税。计算公式为：

应纳税额 = 股权激励收入 × 适用税率 − 速算扣除数

居民个人一个纳税年度内取得两次以上（含两次）股权激励的，应合并计算纳税。

我们举例说明。

INDIVIDUAL INCOME TAX 案例 5-6

某被激励对象无住所居民个人 RAY 2017 年 7 月 1 日获某上市公司授予限制性股票 10 万股，授予价格 3 元，股票登记日 2017 年 8 月 1 日，当日股票收盘价 10 元。2019 年 1 月 1 日，该限制性股票解禁 50%，当日股票收盘价 12 元。2019 年 7 月 1 日，该限制性股票解禁 50%，当日股票收盘价 40 元。RAY 该如何计算限制性股需应缴纳的个人所得税呢？

1. 第一批限制性股票于 2019 年 1 月 1 日解禁时：

应纳税所得额 =（10+12）÷ 2 × 50 000−300 000 ×（50 000 ÷ 100 000）= 400 000（元）

RAY 应纳个人所得税 =400 000 × 25%−31 920=68 080（元）

2. 第二批限制性股票于 2019 年 7 月 1 日解禁时：

应纳税所得额 =（10+40）÷ 2 × 50 000−300 000 ×（50 000 ÷ 100 000）= 1 100 000（元）

由于 RAY 在一个年度内取得两笔限制性股票所得，这两笔限制性股票所得应该合并计算纳税。

RAY 应纳个人所得税 =（1 100 000+400 000）× 45%–181 920=493 080（元）

第二批限制性股票解禁时 RAY 应缴纳个人所得税 =493 080–68 080=425 000（元）

这里需要注意，股权激励包括股票期权、股票增值权、限制性股票、股权奖励等形式，财税〔2018〕164 号文件所称“居民个人一个纳税年度内取得两次以上（含两次）股权激励”，不限于同一种形式的股权激励。比如，某无住所居民个人一年内取得了一次股票期权所得及一次限制性股票所得，需要将两次所得合并后再计算应缴纳的个人所得税。

3. 无住所居民个人取得非上市公司股权激励所得的计税方法

《财政部 国家税务总局关于完善股权激励和技术入股有关所得税政策的通知》（财税〔2016〕101 号）规定，对符合条件的非上市公司股票期权、股权期权、限制性股票和股权奖励实行递延纳税政策。

非上市公司授予本公司员工的股票期权、股权期权、限制性股票和股权奖励，符合规定条件的，经向主管税务机关备案，可实行递延纳税政策，即员工在取得股权激励时可暂不纳税，递延至转让该股权时纳税；股权转让时，按照股权转让收入减除股权取得成本以及合理税费后的差额，适用“财产转让所得”项目，按照 20% 的税率计算缴纳个人所得税。

股权转让时，股票（权）期权取得成本按行权价确定，限制性股票取得成本按实际出资额确定，股权奖励取得成本为零。

财税〔2016〕101号文件同时规定，享受递延纳税政策的非上市公司股权激励（包括股票期权、股权期权、限制性股票和股权奖励，下同）须同时满足以下条件：

（1）属于境内居民企业的股权激励计划。

（2）股权激励计划经公司董事会、股东（大）会审议通过。未设股东（大）会的国有单位，经上级主管部门审核批准。股权激励计划应列明激励目的、对象、标的、有效期、各类价格的确定方法、激励对象获取权益的条件、程序等。

（3）激励标的应为境内居民企业的本公司股权。股权奖励的标的可以是技术成果投资入股到其他境内居民企业所取得的股权。激励标的股票（权）包括通过增发、大股东直接让渡以及法律法规允许的其他合理方式授予激励对象的股票（权）。

（4）激励对象应为公司董事会或股东（大）会决定的技术骨干和高级管理人员，激励对象人数累计不得超过本公司最近6个月在职职工平均人数的30%。

（5）股票（权）期权自授予日起应持有满3年，且自行权日起持有满1年；限制性股票自授予日起应持有满3年，且解禁后持有满1年；股权奖励自获得奖励之日起应持有满3年。上述时间条件须在股权激励计划中列明。

（6）股票（权）期权自授予日至行权日的时间不得超过10年。

（7）实施股权奖励的公司及其奖励股权标的公司所属行业均不属于

《股权奖励税收优惠政策限制性行业目录》范围。公司所属行业按公司上一纳税年度主营业务收入占比最高的行业确定。

这里需要注意，无住所居民个人从任职受雇企业以低于公平市场价格取得股票（权），凡不符合以上递延纳税条件的，应在获得股票（权）时，就实际出资额低于公平市场价格的差额，按照"工资、薪金所得"项目，参照上市公司股权激励的有关规定计算缴纳个人所得税。

（二）非居民个人取得的数月奖金或股权激励所得的计税方法

根据35号公告的规定，非居民个人一个月内取得数月奖金的，应当按照本节前面介绍的规则计算出收入额后，不与当月其他工资、薪金合并，按6个月分摊计税，不减除5 000元的费用，适用月度税率表计算应纳税额。需要注意的是，该优惠计税办法一年内只允许适用一次。

我们来看一下公式：当月数月奖金应纳税额=[（数月奖金收入额 ÷ 6）× 适用税率 – 速算扣除数］×6。该公式的设计不考虑数月奖金具体的所属月份，统一按6个月进行分摊。该公式还解决了全年奖金应纳税额计算公式中的临界点盲区的问题。

需要注意的是，财税〔2018〕164号文件对居民个人全年一次性奖金优惠政策设置了三年过渡期，而35号公告并没有限制非居民纳税人取得数月奖金的优惠算法的使用年限。

对于非居民个人一个月内取得股权激励所得，在计算出当月收入额后，同样不与当月其他工资、薪金合并，按6个月分摊计税，不减除费用，适用月度税率表计算应纳税额。但是与数月奖金有所不同的是，一个公历年度内的股权激励所得需要合并计算。

由上述公式可以看出，股权激励所得应纳税额的计算方式，与居民个人工资、薪金的累计预扣法类似。对于这一问题，可以结合《财政部税政司 税务总局所得税司 税务总局国际税务司关于非居民个人和无住所居民个人有关个人所得税政策问题的解答》中第七问的解释和例题来理解。

问：非居民个人取得数月奖金或股权激励，如何计算个人所得税？

答：按照个人所得税法规定，非居民个人取得工资薪金所得，按月计算缴纳个人所得税。其取得数月奖金或股权激励，如果也按月征税，可能存在税负畸高的问题，从公平合理的角度出发，应允许数月奖金和股权激励在一定期间内分摊计算纳税。考虑到非居民个人在一个年度内境内累计停留时间不超过183天，即最长约为6个月，因此，《公告》规定，非居民个人取得数月奖金或股权激励，允许在6个月内分摊计算税额。既降低了税负，也简便易行。

非居民个人取得数月奖金的，应按照《公告》规定计算境内计税的工资薪金收入额，不与当月其他工资薪金收入合并，按6个月分摊，不减除费用，适用月度税率表计算应纳税额。分摊计税方法，每个非居民个人每一纳税年度只能使用一次。

非居民个人取得股权激励的，应按照《公告》规定计算境内计税的工资薪金收入额，不与当月其他工资薪金收入合并，按6个月分摊，不减除费用，适用月度税率表计算应纳税额。非居民个人在一个纳税年度内取得多笔股权激励所得的，应当合并计算纳税。

无住所居民个人取得全年一次性奖金或股权激励所得的，按照《财政部税务总局关于个人所得税法修改后有关优惠政策衔接问题的通知》（财税〔2018〕164号）的有关规定执行。

举例：B先生为无住所个人，2020年在境内居住天数不满90天，2020年1月，B先生取得境内支付的股权激励所得40万元，其中归属于境内工作期间的所得为12万元，2020年5月，取得境内支付的股权激励所得70万元，其中归属于境内工作期间的所得为18万元，计算B先生在境内股权激励所得的纳税情况。（不考虑税收协定因素。）

2020年1月，B先生应纳税额＝［（120 000÷6）×20%−1 410］×6=15 540（元）

2020年5月，B先生应纳税额＝｛［（120 000+180 000］÷6）×30%−4 410｝×6−15 540=48 000（元）

FOREIGN-RELATED
Individual Income Tax

第六章

关于无住所高管人员的特殊规定

从前面章节的学习中，我们已经了解，从所得来源地、纳税义务以及收入额的计算等方面，无住所高管人员与一般人员的处理规则均有所不同，本章主要阐述无住所高管人员的特殊规定。

一、高管人员所得来源地的判定规则

根据《财政部 税务总局 关于非居民个人和无住所居民个人有关个人所得税政策的公告》（财政部 税务总局公告 2019 年第 35 号，以下简称 35 号公告）的规定，高管人员包括担任境内居民企业的董事、监事及高层管理职务（企业正、副（总）经理、各职能总师、总监及其他类似公司管理层的职务）的个人。

在第二章中，我们讲解了无住所个人（不含高管人员）的相关纳税义务，见表 2-1。

无住所高管人员的纳税义务，与无住所一般人员的纳税义务是有区别的，但《个人所得税法实施条例》没有直接做出规定。该条例第三条明确，除国务院财政、税务主管部门另有规定外，因任职、受雇、履约等在中国境内提供劳务取得的所得，不论支付地点是否在中国境内，均为来源于中国境内的所得。该条款中之所以列出“国务院财政、税务主管部门另有规定”，主要是为下一步参照国际惯例，明确未来新出现的如网络交易、电子商务等所得形式的纳税义务，当然，也可以把35号公告所称高管人员的纳税义务问题，归入此范畴。目前，我国对此类所得征税的主要依据是中国与其他国家签订的税收协定，其中规定，支付方所在国家（地区）对高管人员可以按照支付地规则确认征税。在税收协定赋予我国征税权的情况下，如果我国不进行征税，就是自行放弃国家税收权益，为此，有必要以政策文件形式明确我国的征税权。同时，这样处理也符合《个人所得税法实施条例》对财政部、国家税务总局的授权规定。从以上条款也可以看出，无住所一般人员的工资、薪金及劳务报酬所得，判断所得来源地是不是中国境内，要看其是否在中国境内提供的劳务，而不考虑支付地点是否为中国境内，也就是采用劳务发生地规则，而不是支付地规则。对高管人员的特殊规定是符合国际惯例的，税收协定中的董事费条款采用的也是支付地规则，这部分内容我们将在后续章节为大家详细讲解。

对于高管人员的纳税义务，35号公告做出了明确规定。

35号公告第一条指出，担任境内居民企业的董事、监事及高层管理职务的个人（以下统称高管人员），无论是否在境内履行职务，取得由境内居民企业支付或者负担的董事费、监事费、工资薪金或者其他类似报酬（以下统称高管人员报酬，包含数月奖金和股权激励），属于来源于境内的所得。

由此我们可以看出，与前面介绍的无住所一般人员报酬所得来源地判定的劳务发生地规则不同，无论无住所高管人员是否在中国境内履行职务，其取得的境内居民企业支付或者负担的报酬，都属于来源于境内的所得。在这里，我们可以将该判断规则更多地理解为支付地规则。

需要注意的是，对于高管人员所得来源地的判定并不是单纯采取支付地规则，还要同时考虑《个人所得税法》及其实施条例规定的劳务发生地规则。也就是说，高管人员所得来源地的判定规则应该是“劳务发生地规则 + 支付地规则”。

对于这一问题，《财政部税政司 税务总局所得税司 税务总局国际税务司关于非居民个人和无住所居民个人有关个人所得税政策问题的解答》中的第二问也做出了进一步的解释：

问：高管人员取得报酬，如何划分境内所得和境外所得？

答：按照个人所得税法实施条例规定，因任职、受雇、履约等在境内提供劳务取得的所得属于境内所得，但对担任董事、监事、高层管理职务的无住所个人（以下称高管人员），其境内所得判定的规则与一般无住所雇员不同。高管人员参与公司决策和监督管理，工作地点流动性较大，不宜简单按照工作地点划分境内和境外所得。对此，《公告》规定，高管人员取得由境内居民企业支付或负担的报酬，不论其是否在境内履行职务，均属于来源于境内的所得，应在境内缴税。对高管人员取得不是由境内居民企业支付或者负担的报酬，仍需按照任职、受雇、履约地点划分境内、境外所得。

二、收入额计算规定

35号公告第二条第三项对于无住所个人为高管人员情形下，其工资、薪金所得收入额的计算做出了明确规定：无住所居民个人为高管人员的，工资、薪金收入额按照该公告第二条第二项（无住所一般人员）规定计算纳税。

非居民个人为高管人员的，按照以下规定处理：

1. 高管人员在境内居住时间累计不超过90天的情形

在一个纳税年度内，在境内累计居住不超过90天的高管人员，其取得由境内雇主支付或者负担的工资、薪金所得应当计算缴纳个人所得税；不是由境内雇主支付或者负担的工资、薪金所得，不缴纳个人所得税。当月工资、薪金收入额为当月境内支付或者负担的工资、薪金收入额。

2. 高管人员在境内居住时间累计超过90天不满183天的情形

在一个纳税年度内，在境内居住累计超过90天但不满183天的高管人员，其取得的工资、薪金所得，除归属于境外工作期间且不是由境内雇主支付或者负担的部分外，应当计算缴纳个人所得税。当月工资、薪金收入额的计算公式为：

$$\text{当月工资薪金收入额}=\text{当月境内外工资薪金总额}\times\left[1-\frac{\text{当月境外支付工资薪金数额}}{\text{当月境内外工资薪金总额}}\times\frac{\text{当月工资薪金所属工作期间境外工作天数}}{\text{当月工资薪金所属工作期间公历天数}}\right]$$

从以上规定我们可以看出，当无住所高管人员为居民个人时，工资、薪金收入额的计算规则等同于一般人员；当无住所高管人员为非居民个人时，其工资、薪金收入额的计算方式与一般人员有所不同。

高管人员在一个纳税年度内境内居住时间累计不超过 90 天的情形下，当月工资、薪金收入额为当月境内支付或者负担的工资、薪金收入额；而高管人员在一个纳税年度内境内居住时间累计超过 90 天不满 183 天的情形下，其取得的工资、薪金所得，除归属于境外工作期间且不是由境内雇主支付或者负担的部分外，应当计算缴纳个人所得税。也就是说，境内居住时间累计超过 90 天不满 183 天的高管人员与无住所居民个人（含高管人员及一般员工）在境内居住累计满 183 天的年度连续不满 6 年情形下的计算方式相同，均适用上述公式。

从高管人员工资、薪金收入额计算的规定中我们可以看出，如果高管人员仅考虑支付地规则，其应该仅就当月境内支付或者负担的工资、薪金收入额纳税，但因为其判定规则是“劳务发生地规则 + 支付地规则”，所以无住所高管人员的境内所得应该是劳务发生地为中国境内及支付地为中国境内的所得，也就是说，除境外所得的境外支付部分外，均属于来源于中国境内的所得。

无住所高管人员在一个纳税年度内境内居住时间累计不超过 90 天

的情形下，仅就当月境内支付或者负担的工资、薪金收入额纳税，与一个纳税年度内境内居住时间累计超过 90 天不满 183 天的无住所高管人员纳税义务相比，同样是就境内所得纳税，却少了境内所得的境外支付部分，这是为什么呢？因为《个人所得税法实施条例》第五条规定，在中国境内无住所的个人，在一个纳税年度内在中国境内居住累计不超过 90 天的，其来源于中国境内的所得，由境外雇主支付并且不由该雇主在中国境内的机构、场所负担的部分，免予缴纳个人所得税。该条款对一个纳税年度内在中国境内居住累计不超过 90 天的无住所个人取得的境外支付并负担的部分给予了免税待遇。这一规定不仅适用于一般员工，同样适用于高管人员。

同时，该条例第四条规定，在中国境内无住所的个人，在中国境内居住累计满 183 天的年度连续不满 6 年的，经向主管税务机关备案，其来源于中国境外且由境外单位或者个人支付的所得，免予缴纳个人所得税。这一规定同样适用于高管人员。

我们用表 6-1 加以说明。

表 6-1

无住所高管人员类别	境内居住时间	中国境内工作期间		中国境外工作期间	
		境内支付或负担	境外支付且不由境内负担	境内支付	境外支付
非居民个人	连续或累计不超过 90 天	征税	免税（实施条例第五条）	征税（支付地规则）	不征税
	累计超过 90 天但不满 183 天	征税	征税	征税（支付地规则）	不征税

续表

无住所高管人员类别	境内居住时间	中国境内工作期间		中国境外工作期间	
		境内支付或负担	境外支付且不由境内负担	境内支付	境外支付
无住所居民个人	累计满 183 天的年度连续不满 6 年	征税	征税	征税	免税（实施条例第四条）
	累计满 183 天的年度连续满 6 年	征税	征税	征税	征税

我们可以从另外一个维度来进行分析。无住所高管人员与无住所一般人员相比，增加了支付地规则，也就是说，无住所高管人员还需要就境内支付的部分在我国缴纳个人所得税。境内支付可以分为两部分，一部分为境内所得境内支付，另一部分为境外所得境内支付。对于境内所得境内支付部分，无住所一般人员也需要承担纳税义务，因此无住所高管人员与一般人员无区别；对于境外所得境内支付部分，我们依然结合前面的表 2-1 进行分析。无住所一般人员达到居民个人条件的，对其境外所得境内支付部分也需要承担纳税义务，因此当无住所高管人员为居民个人时，其纳税义务等同于一般人员。当无住所一般人员为非居民个人时，其境外所得境内支付是不缴纳个人所得税的，而无住所高管人员基于支付地规则要承担相应的纳税义务。

通过以上分析我们可以看出，无住所高管人员与一般人员纳税义务的区别是，在不构成居民个人的情况下，要多承担境外所得境内支付部分的纳税义务。从表 6-1 中我们也可以看出，无住所高管人员在一个纳税年度内境内居住时间累计不超过 90 天的情形下，应就境内所得境内支付部分以及境外所得境内支付部分在我国缴纳个人所得税，即境内支付部分在我国负有纳税义务；无住所高管人员在境内居住时间累计超过 90 天不满 183 天的情形下，应就境内所得以及境外所得境内支付部分在我国缴纳个人所得税，即适用 35 号公告所列公式三；而无住所高管人员达到居民个人条件的，其纳税义务与无住所一般人员相同。

对于无住所高管人员的收入额计算，《财政部税政司 税务总局所得税司 税务总局国际税务司关于非居民个人和无住所居民个人有关个人所得税政策问题的解答》中的第五问也做出了进一步解释：

问：无住所个人为高管人员的，取得工资薪金所得如何计算在境内应计税的收入额？

答：《公告》规定，高管人员取得境内支付或负担的工资薪金所得，不论其是否在境内履行职务，均属于来源于境内的所得。高管人员为居民个人的，其工资薪金在境内应计税的收入额的计算方法与其他无住所居民个人一致；高管人员为非居民个人的，取得由境内居民企业支付或负担的工资薪金所得，其在境内应计税的工资薪金收入额的计算方法，与其他非居民个人不同，具体如下：

情况一：高管人员一个纳税年度在境内居住时间不超过 90 天的，将境内支付全部所得都计入境内计税的工资薪金收入额。

情况二：高管人员一个纳税年度在境内累计居住超过 90 天不

满 183 天的，就其境内支付的全部所得以及境外支付的境内所得计入境内计税的工资薪金收入额。

税收协定另有规定的，可以按照税收协定的规定办理。

我们可以通过下面的例子来理解无住所一般人员与无住所高管人员纳税义务的区别。

INDIVIDUAL INCOME TAX 案例 6-1

无住所个人勒布朗先生某纳税年度取得的所得共 45 万元，具体如表 6-2 所示：

表 6-2 无住所个人勒布朗先生某纳税年度取得所得的情况

单位：万元

境内所得		境外所得	
境内支付	境外支付且不由境内负担	境内支付	境外支付
8	10	12	15

如果勒布朗先生是无住所高管人员，其纳税义务如下（见表 6-3）：

表 6-3

单位：万元

纳税年度居住天数	应纳税收入额
连续或累计不超过 90 天	8 万元 +12 万元 =20 万元
累计超过 90 天但不满 183 天	8 万元 +10 万元 +12 万元 =30 万元

续表

纳税年度居住天数	应纳税收入额
累计满 183 天的年度连续不满 6 年	8 万元 +10 万元 +12 万元 =30 万元
累计满 183 天的年度连续满 6 年	8 万元 +10 万元 +12 万元 +15 万元 =45 万元

如果勒布朗先生是无住所一般人员，其纳税义务如下（见表 6–4）：

表 6–4　　单位：万元

纳税年度居住天数	应纳税收入额
连续或累计不超过 90 天	8 万元
累计超过 90 天但不满 183 天	8 万元 +10 万元 =18 万元
累计满 183 天的年度连续不满 6 年	8 万元 +10 万元 +12 万元 =30 万元
累计满 183 天的年度连续满 6 年	8 万元 +10 万元 +12 万元 +15 万元 =45 万元

再举一个例子。

INDIVIDUAL INCOME TAX

案例 6–2

加拿大人威廉是一名由加拿大母公司派到我国境内子公司工作的无住所高管人员，其每月取得的工资、薪金由境内、境外共同支付，当月工资当月发放。假设威廉 2019 年度大多数时间在中国境外履行职务，在中国境内居住天数不足 90 天。2019 年 4 月，威廉在中国境内的工作天数为 6 天，境外工作天数为 24 天，当月取得的境内外发放的工资总额为 8 万元人民币，其中境内子公司支付并负担 3 万元，境外母公司支付并负担 5 万元。

2019年4月，威廉的工资、薪金所得收入额为境内子公司支付并负担的3万元；其由境外支付并负担的5万元，不需要在我国境内缴税。

假设本例中威廉2019年度在中国境内居住天数超过90天不满183天，其他条件不变，那么威廉2019年4月工资、薪金所得收入额 $=8\times(1-5\div8\times24\div30)=4$（万元）。

FOREIGN-RELATED
Individual Income Tax

第七章
税收协定的适用

从法律级次的角度来看，税收协定是优先于国内法的。《中华人民共和国税收征收管理法实施细则》第九十一条明确规定："中华人民共和国同外国缔结的有关税收的条约、协定同本法有不同规定的，依照条约、协定的规定办理。"由此可见，税收协定（安排）具有高于国内税法的效力。当税收协定与国内税法不一致时，根据国际法中"条约必须遵守"的原则，同时考虑"孰优"原则进行处理，只有这样才能确保税收协定（安排）与国内税法的正常运行。在税收协定待遇优于我国的国内法的情况下，无住所个人如果是缔约对方的税收居民，可以选择享受协定待遇，而不适用我国的国内法，从而享受一定的税收豁免。

《财政部 税务总局关于非居民个人和无住所居民个人有关个人所得税政策的公告》（财政部 税务总局公告 2019 年第 35 号，以下简称 35 号公告）也明确规定，按照我国政府签订的避免双重征税协定及内地与香港、澳门签订的避免双重征税安排（以下称税收协定）居民条款规定为缔约对方税收居民的个人（以下称对方税收居民个人），可以按照税收协定及财政部、国家税务总局有关规定享受税收协定待遇，也可以选择不享受税收协定待遇计算纳税。

前面我们已经对无住所个人相关的纳税义务、收入额及税款的计算等国内法方面的相关内容进行了专题讲解，本章我们将对无住所个人如何适用税收协定进行解析。

一、双重税收居民身份概述

我们需要注意，享受税收协定待遇的前提是，该无住所个人为缔约对方税收居民。如果根据我国国内法的规定，该无住所个人不是我国的税收居民，而根据缔约对方国家的国内法判断，其是对方国家税收居民，那么，该无住所个人为缔约对方税收居民，可以享受协定待遇。但是根据《个人所得税法》规定，在我国境内居住满 183 天的无住所个人，构成我国的税收居民，与此同时，该无住所个人可能也被另外一个国家主张为税收居民。这样，同一个纳税人在两个国家都有了税收居民身份。在这种情况下，我们要根据相关税收协定条款进一步判定该自然人究竟是哪国税收居民。

根据《〈中华人民共和国政府和新加坡共和国政府关于对所得避免双重征税和防止偷漏税的协定〉及议定书条文解释》（国税发〔2010〕75 号文件印发）第四条第一款的规定，同一人有可能同时为中国和新加坡居民。为了确定这种情况下个人最终居民身份的归属，该解释第四条第二款进一步规定了确定标准。需要特别注意的是，这些标准的使用是有先后顺序的，只有当使用前一标准无法解决问题时，才使用后一标准。具体标准如下：

1. 永久性住所

永久性住所包括任何形式的住所，例如由个人租用的住宅或公寓、租用的房间等，但该住所必须具有永久性，即个人已安排长期居住，而不是出于某些原因（如旅游、商务考察等）临时逗留。

2. 重要利益中心

重要利益中心要参考个人家庭和社会关系、职业、政治、文化和其他活动、营业地点、管理财产所在地等因素综合评判。其中特别注重的是个人的行为，即个人一直居住、工作并且拥有家庭和财产的国家通常为其重要利益中心之所在。

3. 习惯性居处

在出现以下两种情况之一时，应采用习惯性居处的标准来判定个人居民身份的归属：一是个人在缔约国双方均有永久性住所且无法确定重要经济利益中心所在国；二是个人的永久性住所不在缔约国任何一方，比如该个人不断地穿梭于缔约国一方和另一方旅馆之间。

第一种情况下对习惯性居处的判定，要注意其在双方永久性住所的停留时间，同时还应考虑其在同一个国家不同地点停留的时间；第二种情况下对习惯性居处的判定，要将此人在一个国家所有的停留时间加总考虑，而不问其停留的原因。

4. 国籍

如果该个人在缔约国双方都有或都没有习惯性居处，应以该人的国籍作为判定居民身份的标准。

当采用上述标准依次判断仍然无法确定其身份时，可由缔约国双方主管当局按照上述协定第二十四条规定的程序，通过相互协商解决。

接下来，我们来看一下《OECD 国际税收协定范本》第四条中关于“居民”的加比规则：

（1）税收协定中的“缔约国一方居民”是指按照该国法律，由于住所、居所、管理场所或其他类似性质的标准，负有纳税义务的人。但是这一用语不包括仅由于来源于该国的所得或位于该国的财产在该国负有纳税义务的人。

（2）由于第（1）项的规定，同时是缔约国双方居民的自然人，其身份确定方法如下：

①应认为是其有永久性住所所在国的居民；如果在（两个国家）同时有永久性住所，应认为是与其个人和经济关系更密切（重要利益中心）所在国居民。②如果其重要利益中心所在国无法确定，或者在其中任何一国都没有永久性住所，应认为是其有习惯性居处所在国的居民。③如果其在两个国家都有，或者都没有习惯性居处，应认为是其国籍所在国的居民。④如果其同时拥有两个国家的国籍，或不拥有其中任意一国国籍，应由缔约国双方主管当局通过协商解决。

（3）由于第（1）项的规定，同时是缔约国双方居民的非自然人，应认为是其实际管理机构所在国的居民。

由此可见，在同一人有可能同时成为两国税收居民时，《〈中华人民共和国政府和新加坡共和国政府关于对所得避免双重征税和防止偷漏税的协定〉及议定书条文解释》确定其最终居民身份归属的判定标准，与税收协定的加比规则思路一致，即：永久性住所——重要利益中心——习惯性居所——国籍。当采用上述顺位判断的标准后仍无法确定其单一的居民身份时，可由缔约国双方的主管税务当局协商解决。

虽然各国的自然人税收居民身份判定标准并不相同，但住所和居住时间是国际上较为通用的判定标准。因此，实践中如果出现同一个纳税人具有双重居民身份的情形，最常见的就是一个纳税人在一国拥有永久性住所，而在另一国的停留时间又长到足以判定其构成该国的税收居民。在这种情况下，我们需要通过前面介绍的顺位判断标准来确定其唯一的税收居民身份。

当一个自然人纳税人根据《个人所得税法》判定为我国的非居民个人时，如果对方国家根据其国内法进行判断后，认为其为对方国家的税收居民，就不再需要通过税收协定的加比规则进行判断，可以直接认定其为对方国家的税收居民个人；如果该自然人纳税人根据《个人所得税法》判定为我国的非居民个人，但根据对方国家的国内法判定其并不构成对方国家的税收居民，则也不需要通过税收协定的加比规则进行判断，因为其未构成对方国家的税收居民个人，是不能享受相关的协定待遇的。

当一个自然人纳税人根据《个人所得税法》判定为我国的居民个

人时，如果对方提出其为对方国家的税收居民，那么由于其构成了双重税收居民身份，我们需要通过税收协定的加比规则进行判断，其最终为我国税收居民，还是对方国家税收居民。如果判定其为我国税收居民，是不能享受相关的协定待遇的；如果该自然人纳税人根据《个人所得税法》判定为我国的居民个人，但根据对方国家的国内法判定其不构成对方国家的税收居民，同样也不需要通过税收协定的加比规则进行判断，因为其仅具备我国的单一税收居民身份，也是不能享受相关的协定待遇的。

我们举例说明。

INDIVIDUAL INCOME TAX 案例 7–1

英国公民 R 先生在我国境内无住所，且一个纳税年度内在我国境内累计居住天数不满 183 天，根据我国国内法的判定规则，R 先生是我国的非居民个人；同时，根据英国法律，按照住所、居所等标准，R 先生为英国税收居民，在英国负有纳税义务。

在这个案例中，R 先生仅在英国构成了税收居民身份，不是我国的税收居民，其并没有构成双重税收居民身份，也就不需要通过协定来判定其应归属于哪国税收居民，R 先生可以直接备案享受中英税收协定待遇。

INDIVIDUAL INCOME TAX **案例 7-2**

日本公民E女士在我国境内无住所，但一个纳税年度内在我国境内累计居住天数达到了183天，根据我国国内法的判定规则，E女士已经构成了我国的税收居民，应就来源于中国境内和境外的所得均在我国缴纳个人所得税。但是根据日本的国内法，按照住所标准，E女士同样构成了日本的税收居民，在日本同样具有纳税义务。

在这个案例中，E女士就构成了双重税收居民身份。这里就要根据税收协定的永久性住所——重要利益中心——习惯性居所——国籍顺序进行判断。依据税收协定永久性住所的标准，E女士在日本有永久性住所，而在我国没有永久性住所，因此可以判断E女士是日本的税收居民，从而可以享受中日税收协定条款的相关待遇。

这个问题我们可以用表7-1来总结：

表 7-1

依据《个人所得税法》	依据对方国内法	依据税收协定中的个人双重居民身份判定加比规则	是否属于“对方税收居民个人”
非居民个人	对方居民	–	√
	不是对方居民	–	×
居民个人	对方居民	仅为对方居民	√
	对方居民	仅为中国居民	×
	不是对方居民	–	×

还可以通过下面的资料来加深理解。

延伸阅读

厦门市地税局成功利用“加比规则”判定中国税收居民身份

跨国人员流动日趋频繁，越来越多的外籍人员可能同时构成其居民国及中国的双重税收居民身份，甚至第三国的税收居民，那么如何解决这样的冲突呢？日前，厦门市地税局涉外分局成功办结一起利用税收协定的“加比规则”判定中国税收居民身份的案件，补征个人所得税及滞纳金 50.44 万元。

税收协定的“加比规则”，就是按照“永久性住所——重要利益中心——习惯性居所——国籍”的顺序逐条判断税收居民身份。对于仍无法确定单一居民身份的，再由双方主管税务当局协商解决。一旦确定了中国税收居民身份，即可要求纳税人履行居民义务，就全球所得申报纳税。

日前，厦门市地税局涉外分局对某外籍人员（下称“A 先生”）开展税收核查，该外籍人员在解释其收入的同时提出开具中国税收居民身份证明的要求。税务机关结合已掌握的信息及纳税人提交的相关资料，运用税收协定“加比规则”，同意为该外籍人员出具中国税收居民身份证明，并要求其就全球所得申报纳税，补征个人所得税及滞纳金 50.44 万元。

记者了解到，A 先生为厦门某外资企业总经理。针对其开具中国税收居民身份证明的要求，厦门市地税局涉外分局的工作人员具体分析了

A先生的情况，首先依据国内法加以判断。根据《中华人民共和国个人所得税法》，中国税收居民包括在中国境内有住所的个人，或者无住所而在境内居住满一年的个人。A先生每年在中国境内居住不满一年，因此可否开具中国税收居民身份证明的关键在于认定其是否构成中国境内有住所的个人。

根据《中华人民共和国个人所得税法实施条例》，在中国境内有住所的个人，是指因户籍、家庭、经济利益关系而在中国境内习惯性居住的个人。A先生自2006年起在中国居住，表达了在中国长久居住的愿望；同时其在中国投资设立公司，有任职并负责经营管理，领取收入并且申报纳税；在中国其他地区也开展业务。因此根据国内法可以认为A先生因经济利益关系而在中国境内习惯性居住，构成中国税收居民。

由于A先生同时构成中国及其国籍所在国家的税收居民，为解决这一冲突，涉外分局引入两国税收协定中关于居民认定的条款，运用“加比规则”对A先生的居民身份进行进一步判别：

一是对永久性住所的判别。A先生在对方国家无房产，但在厦门长期租房，且表达了长期在中国居住的意向，可以认为A先生的永久性住所在中国。二是对重要利益中心的判别。出于谨慎考虑，涉外分局继续引入对“重要利益中心”的考量。A先生在对方国家未任职，仅取得股息收入，属于消极投资所得；但其在中国投资设立公司，有任职并负责经营管理，取得的是主动性所得。因此认为A先生与中国的经济活动联系更紧密，其重要利益中心在中国。

通过以上分析，厦门市地税局涉外分局判定A先生为中国税收居民，在开具中国居民身份证明的同时要求其就全球所得申报纳税，由此补缴个人所得税及滞纳金 50.44 万元。

（资料来源：徐于平，邱磊，余娜 . 厦门地税局成功利用“加比规则”判定中国税收居民身份——外籍人员被裁定补缴税款 50 万元［N］.《海峡财经导报》，2014-07-31. 2014 年 8 月，在国家税务总局国际司举行的年度非居民税收管理暨税收协定培训班上，厦门市地税局办结的“运用‘加比规则’判定中国税收居民身份”一案被作为典型案例在会上交流。）

二、相关协定条款的适用

（一）关于无住所个人适用受雇所得条款的规定

受雇所得条款对应的是工资、薪金所得项目，受雇所得又分为境外受雇所得和境内受雇所得。

1. 境外受雇所得协定待遇

根据 35 号公告第四条的规定，境外受雇所得协定待遇，是指按照税收协定受雇所得条款规定，对方税收居民个人在境外从事受雇活动取得的受雇所得，可不缴纳个人所得税。

无住所个人为对方税收居民个人，其取得的工资、薪金所得可享受境外受雇所得协定待遇的，可不缴纳个人所得税。工资、薪金收入额计算适用 35 号公告中的公式二。

也就是说，无住所个人为对方税收居民个人的，可以享受境外受雇所得条款的协定待遇，其在境外工作期间取得的工资、薪金所得可享受境外受雇所得协定待遇的，可不在我国缴纳个人所得税。结合前面章节的内容也可以得出结论，该部分纳税人仅就境内受雇所得在我国缴纳个人所得税，应该适用 35 号公告中的公式二：

$$\text{当月工资薪金收入额} = \begin{array}{c}\text{当月境内外}\\ \text{工资薪金总额}\end{array} \times \frac{\begin{array}{c}\text{当月工资薪金所属}\\ \text{工作期间境内工作天数}\end{array}}{\begin{array}{c}\text{当月工资薪金所属}\\ \text{工作期间公历天数}\end{array}}$$

通过以上分析可以看出，无住所个人享受境外受雇所得协定待遇的主体应为纳税年度内在我国的居住天数达到 183 天的纳税人。第四章中我们已经介绍，根据国内法，无住所个人在境内居住时间累计不超过 90 天时，应适用 35 号公告中的公式一；无住所个人在境内居住时间累计超过 90 天不满 183 天时，应适用该公告中的公式二。也就是说，无住所个人为对方税收居民的，在境内居住时间累计不满 183 天时，我国的国内法对其纳税义务的规定并不高于协定待遇，其可以直接选择适用国内法。

我们举例说明。

INDIVIDUAL INCOME TAX

案例 7–3

无住所个人 R 先生 2019 年在中国境内居住累计满 183 天，但在境内居住累计满183天的年度连续不满6年，在中国境内没有永久性居所；根据其所在国法律，为A国税收居民，其在A国有永久性居所。根据税收协定的加比规则判断，其是A国的税收居民。

R先生2019年度取得的受雇所得共45万元，支付情况如下（见表7-2）：

表7-2

单位：万元

在中国境内从事受雇活动取得		在中国境外从事受雇活动取得	
境内支付	境外支付	境内支付	境外支付
8	10	12	15

根据税收协定，R先生应仅就境内工作期间取得来源于境内的所得18万元在我国缴纳个人所得税。

而根据国内法，R先生应适用35号公告中的公式三，除境外工作期间的境外支付部分15万元，其余30万元均应在我国缴纳个人所得税。

但如果R先生2019年在中国境内居住累计不满90天，根据我国国内法应适用35号公告中的公式一，仅就境内所得境内支付或者负担的部分8万元缴纳个人所得税，其纳税义务小于享受协定待遇的18万元；如果R先生2019年在中国境内居住累计满90天不满183天，根据我国国内法应适用该公告中的公式二，就境内所得部分18万元缴纳个人所得税，其纳税义务等于享受境外受雇所得协定待遇的18万元。因此，在以上两种情形下，R先生无须享受境外受雇所得协定待遇，按国内法的规定执行即可。这里有必要强调一下，如果R先生

2019年在中国境内居住累计超过90天不满183天，如果符合相关条件，其还是可以享受境内受雇所得协定待遇的，可适用该公告中的公式一。

35号公告第四条同时规定，无住所居民个人为对方税收居民个人的，可在预扣预缴和汇算清缴时按相关规定享受协定待遇；非居民个人为对方税收居民个人的，可在取得所得时按相关规定享受协定待遇。

2. 境内受雇所得协定待遇

根据35号公告第四条的规定，境内受雇所得协定待遇，是指按照税收协定受雇所得条款规定，在税收协定规定的期间内境内停留天数不超过183天的对方税收居民个人，在境内从事受雇活动取得受雇所得，不是由境内居民雇主支付或者代其支付的，也不是由雇主设在境内的常设机构负担的，可不缴纳个人所得税。

无住所个人为对方税收居民个人，其取得的工资、薪金所得可享受境内受雇所得协定待遇的，可不缴纳个人所得税。工资、薪金收入额计算适用35号公告中的公式一：

$$\text{当月工资薪金收入额}=\text{当月境内外工资薪金总额}\times\frac{\text{当月境内支付工资薪金数额}}{\text{当月境内外工资薪金总额}}\times\frac{\text{当月工资薪金所属工作期间境内工作天数}}{\text{当月工资薪金所属工作期间公历天数}}$$

由此可见，境内受雇所得协定待遇与境外受雇所得协定待遇的规定条件有所不同。境外受雇所得协定待遇的享受条件是“无住所个人为对方税收居民个人”，也就是说，无住所个人只要满足其为对方税收居民个人的条件，就可以享受境外受雇所得协定待遇，其境外工作期间取得的工资、薪金所得在我国免予缴纳个人所得税，适用35号公告中的公式二；境内受雇所得协定待遇相对于境外受雇所得协定待遇，其纳税义务更轻，仅需就受雇所得中的境内支付或者负担的部分缴纳个人所得税。同样，享受境内受雇所得协定待遇的条件也比享受境外受雇所得协定待遇更加严格。按照境内受雇所得条款规定，无住所个人在其为对方税收居民个人的基础条件之上，还应该满足以下三个条件：

一是收款人在税收协定规定的期间内在中国境内停留不超过183天；

二是该报酬不是由中国居民雇主支付或者代其支付的；

三是该报酬不是由雇主设在中国境内的常设机构或固定基地负担。

需要强调的是，无住所个人享受境内受雇所得协定待遇的条件之一“税收协定规定的期间内”与我们国内法所规定的“一个纳税年度内”并不是一个概念。因为税收协定中的“规定期间”一般是指任意连续12个月，而国内法所规定的“纳税年度内”是指公历年度，也就是1月1日至12月31日。这一问题我们在第一章中已进行了阐述和举例说明，此处不再赘述。

由以上分析可知，无住所个人享受境内受雇所得协定待遇的主体应为纳税年度内在我国的居住天数超过90天不满183天的纳税人，同时其按税收协定规定的期间进行计算，在中国境内停留也不超过183天。

因为无住所个人享受境内受雇所得协定待遇的条件之一为税收协定规定的期间内在中国境内停留不超过183天，如果超过183天就不能享受境内受雇所得协定待遇了；而不超过183天的无住所个人，如果当年在我国境内居住天数不超过90天，可以根据国内法，直接适用35号公告中的公式一，与享受境内受雇所得协定待遇的纳税义务相同。

我们举例说明。

INDIVIDUAL INCOME TAX **案例 7–4**

无住所个人R先生2019年在中国境内居住累计超过90天但不满183天，是我国的非居民纳税人；根据其所在国法律，为A国税收居民。

R先生2019年度取得的受雇所得共45万元，具体如下（见表7–3）：

表 7–3　　单位：万元

在中国境内从事受雇活动取得		在中国境外从事受雇活动取得	
境内支付	境外支付	境内支付	境外支付
8	10	12	15

R先生在中国境内工作期间取得境外支付的10万元报酬，不是由中国境内雇主支付或负担的，也不是由境外雇主设在中国境内的常设机构或固定基地负担的。

因此，R先生符合享受境内受雇所得协定待遇的相关条件，可以根据境内受雇所得协定待遇，应适用35号公告中的公式一，仅就境内工作期间取得的来源于境内的所得境内支付部分 8 万元在我国缴纳个人所得税。但如果根据我国国内法，则应该适用该公告中的公式二，就境内所得 18 万元在我国缴纳个人所得税。

与境外受雇所得协定待遇的规定相同，对于境内受雇所得协定待遇，35 号公告第四条同样规定，无住所居民个人为对方税收居民个人的，可在预扣预缴和汇算清缴时按相关规定享受协定待遇；非居民个人为对方税收居民个人的，可在取得所得时按相关规定享受协定待遇。

我们通过表 7–4 对无住所个人享受受雇所得条款进行总结。

表 7–4

无住所个人年度居住天数	国内法	协定待遇
连续或累计不超过 90 天	适用公式一	适用公式一
累计超过 90 天但不满 183 天	适用公式二	适用公式一（境内受雇所得协定待遇）
累计满 183 天的年度连续不满六年	适用公式三	适用公式二（境外受雇所得协定待遇）

这里我们需要注意，无住所个人可以通过享受税收协定待遇，减少其应在我国缴纳个人所得税的收入额。如果无住所个人因可享受但未享受协定待遇而多缴税款，可以根据按税收协定计算的应纳税额和已经按财税 35 号公告规定在我国缴纳的税款的差额申请退税。

我们继续举例说明。

INDIVIDUAL INCOME TAX 案例 7–5

（承案例 7–4）无住所个人 R 先生 2019 年在中国境内居住累计超过 90 天但不满 183 天，是我国的非居民纳税人；根据其所在国法律，为 A 国税收居民。

R 先生 2019 年度取得的受雇所得共 45 万元，如表 7–5 所示。

表 7–5

单位：万元

在中国境内从事受雇活动取得		在中国境外从事受雇活动取得	
境内支付	境外支付	境内支付	境外支付
8	10	12	15

R 先生在 2019 年度取得所得时，按照财税 35 号公告中的公式二就境内所得 18 万元进行了申报纳税，已申报缴纳个人所得税 10 000 元。

由于 R 先生在中国境内工作期间取得境外支付的 10 万元报酬，不是由中国境内雇主支付或负担的，也不是由境外雇主设在中国境内的常设机构或固定基地负担的，因此其符合享受境内受雇所得协定待遇的相关条件，可以根据境内受雇所得协定待遇适用 35 号公告中的公式一，仅就境内所得境内支付部分 8 万元，在我国缴纳个人所得税 6 000 元。

所以，R 先生可以享受协定待遇，就多缴纳的个人所得税 4 000 元申请退税。

（二）关于无住所个人适用独立个人劳务和营业利润条款的规定

根据35号公告第四条的规定，独立个人劳务或者营业利润协定待遇，是指按照税收协定独立个人劳务或者营业利润条款规定，对方税收居民个人取得的独立个人劳务所得或者营业利润符合税收协定规定条件的，可不缴纳个人所得税。

该条款对应的所得项目是劳务报酬所得和稿酬所得。一般来说，劳务报酬所得和稿酬所得适用协定中的独立个人劳务条款，如果协定中没有独立个人劳务条款，则适用营业利润条款。

独立个人劳务或者营业利润协定待遇，是指按照税收协定相关条款规定，无住所居民个人为对方税收居民个人的，其取得的独立个人劳务所得或者营业利润符合税收协定规定的相关条件的，可不在我国缴纳个人所得税。

接下来，我们对税收协定规定的相关条件进行简要的说明。

根据税收协定独立个人劳务条款的相关规定，如果存在以下情形，则我国有征税权：

（1）在中国境内为从事独立个人劳务活动设有经常使用的固定基地（可以对归属于该固定基地的所得征税），也就是我们常说的构成了常设机构。

（2）在规定的期间内（一般规定为任何12个月内），在中国境内停留连续或累计达到或超过183天（可以对在中国境内进行活动取得的所得征税）。也就是说，如果对方税收居民在规定期间在我国境内连续或累计停留天数达到 183 天，我国同样有征税权。

根据税收协定营业利润条款的相关规定，对方企业通过设在中国境内的常设机构在中国境内营业，我国可以对属于该常设机构的利润征税。

需要注意的是，对于税收协定中关于独立个人劳务界定的适用，是有着严格的规定的。我们可以参照《〈中华人民共和国政府和新加坡共和国政府关于对所得避免双重征税和防止偷漏税的协定〉及议定书条文解释》（国税发〔2010〕75 号文件印发）的相关规定：

“个人要求执行税收协定独立个人劳务条款规定的，应根据下列条件判断其是否具有独立身份：

（一）职业证明，包括登记注册证件和能证明其身份的证件，或者由其为居民的缔约国税务当局在出具的居民身份证明中就其现时从事职业的说明；

（二）与有关公司签订的劳务合同表明其与该公司的关系是劳务服务关系，不是雇主与雇员关系，具体包括：

1. 医疗保险、社会保险、假期工资、海外津贴等方面不享受公司雇员待遇；

2. 其从事劳务服务所取得的报酬，是按相对的小时、周、月或一次性计算支付；

3. 其劳务服务的范围是固定的或有限的，并对其完成的工作负有质量责任；

4. 其为提供合同规定的劳务所相应发生的各项费用，由其个人负担。”

实践中，对独立个人劳务的判断，我们还要考虑该外籍个人来华是单位派过来的，还是以个人名义自己签约过来的，这也是判断的重要因素之一。

对于独立个人劳务条款的适用，可以结合下面的资料来理解。

延伸阅读

防止滥用税收协定规避个人所得税

案件情况

我国某大学聘用一名美国籍教授A来校授课，双方签订了为期3年的劳务合同。A教授在聘用期内每年来华不超过4次，每次2周左右，年薪175 000美元（不含中国境内应缴税收入）。

该大学经办人员到地税局主管税务所提交该外籍教授享受税收协定待遇教师条款资料。经税务所询问并进一步查询，发现该大学不具备学历教育资质，其组织性质实际为基金会，且未在教育主管部门备案。

因此，主管税务所判定，美国籍教授A不符合享受中美税收协定待遇教师条款条件。

之后，该大学又以非居民纳税人享受中美税收协定独立个人劳务条款为由到地税局主管税务所提交相关资料。地税局国际税收管理科在对主管税务所提交的资料进行审核时，发现该大学和A教授签订的劳务合同中规定，该外籍人受聘于该大学担任教授职务，领取年薪，且该大学为其承担往返机票以及住宿费用等情况。

处理结果

根据《国家税务局关于税收协定独立个人劳务条款执行解释问题的通知》(国税函发〔1990〕609号)的规定，税收协定关于独立个人劳务的定义规定，所谓“独立个人劳务”是指以独立的个人身份从事科学、文学、艺术、教育或教师活动以及医师、律师、工程师、建筑师、牙医师和会计师等专业性劳务人员，没有固定的雇主，可以多方面提供劳务。

而本案中的美国籍教授A，在该大学担任教授职务，以受雇身份从事劳务活动取得所得，该大学对其工作的内容、时间和相关责任做出了规定，已经构成了其固定的雇主身份。

其次，国税函发〔1990〕609号文件第二条第二款规定，“其从事劳务服务所取得的劳务报酬，是按相应的小时、周、月或一次性支付”，合同中有明确的“年薪175 000美元”字样，可判定美国籍教授A从该大学取得的所得不属于劳务报酬性质。

此外，根据国税函发〔1990〕609号文件第二条第四款的规定，“其为提供合同规定的劳务所相应发生的各项费用，由其个人负担”。

但在某大学与A教授签订的合同中明确，“甲方同意为乙方及乙方妻子提供来华授课的头等舱机票，五星级酒店和其他相关费用”，从费用负担来看，美国籍教授A也不符合独立个人劳务的判定条件。

根据上述三点，国际税收管理科判定该外籍教授不符合享受中美税收协定待遇中的独立个人劳务判定条件，扣缴义务人应依照中美税收协定和国内税收法律规定对美国籍教授A代扣代缴个人所得税。

税案评析

国际税收协定为缔约国双方的居民纳税人提供了许多方面的利益，一些不符合享受税收协定待遇条件的纳税人，想方设法成为能够得到税收优惠的纳税主体，通过享受税收协定待遇来规避或者减轻税负。

因此，滥用税收协定待遇作为一种“特殊”的国际避税方法，已引起税务机关的高度重视。各级税务机关应通过加强非居民享受税收协定后续管理工作，严格审核非居民享受税收协定待遇的主体资格和条件，防止税款流失，坚决捍卫本国及税收协定国的国家利益。

（资料来源：原北京市地方税务局。）

无住所居民个人为对方税收居民个人，其取得的劳务报酬所得、稿酬所得可享受协定中独立个人劳务或者营业利润条款规定待遇的，在预扣预缴和汇算清缴时，可不缴纳个人所得税。

非居民个人为对方税收居民个人，其取得的劳务报酬所得、稿酬所得可享受协定中独立个人劳务或者营业利润条款规定待遇的，在取得所得时可不缴纳个人所得税。

（三）关于常设机构的规定

在本章前面的讲解中，多次提到常设机构，这里我们专门对常设机构进行介绍。

1. “常设机构”的由来

“常设机构”（permanent establishment）一词最早出现在德国，1885 年出现在成文税法中，1899 年正式出现在奥匈帝国和普鲁士的第一个国际性税收协定中。该协定是现代意义上第一个综合性的国际税收协定，其中提到的“常设机构”的概念，用于解决从事跨国贸易中产生的营业利润双重征税的问题。[1]

税收协定要解决的是企业在不同税务管辖区被双重征税的问题，换而言之，解决的是缔约国一方企业到缔约国另一方国家进行经营而取得的营业利润，如何在企业的居民国和从事经营的收入来源国分配税收征税权的问题。当前国际税收协定中采用的划分征税权的标准即为常设机构原则。

2. 税收协定中关于常设机构的相关规定

我们以中德税收协定中的常设机构条款为例。

第五条　常设机构

一、在本协定中，“常设机构”一语是指企业进行全部或部分营业

[1] 朱炎生. 国际税收协定中常设机构原则研究［M］. 北京：法律出版社，2006.

的固定营业场所。

二、“常设机构”一语特别包括：

（一）管理场所；

（二）分支机构；

（三）办事处；

（四）工厂；

（五）作业场所；以及

（六）矿场、油井或气井、采石场或者其他开采自然资源的场所。

三、“常设机构”一语还包括：

（一）建筑工地，建筑、装配或安装工程，或者与其有关的监督管理活动，但仅以该工地、工程或活动连续超过12个月的为限；

（二）缔约国一方企业通过雇员或雇用的其他人员在缔约国另一方提供劳务，包括咨询劳务，但仅以该性质的活动（为同一或相关联的项目）在任何12个月中连续或累计超过183天的为限。

四、虽有本条上述规定，“常设机构”一语应认为不包括：

（一）专为储存、陈列或者交付本企业货物或者商品的目的而使用的设施；

（二）专为储存、陈列或者交付的目的而保存本企业货物或者商品的库存；

（三）专为由另一企业加工的目的而保存本企业货物或者商品的库存；

（四）专为本企业采购货物或者商品，或者搜集信息的目的所设的固定营业场所；

（五）专为本企业进行其他准备性或辅助性活动的目的所设的固定营业场所；

（六）专为本款第（一）项至第（五）项活动的任意结合所设的固定营业场所，条件是这种结合使该固定营业场所的全部活动属于准备性质或辅助性质。

五、虽有第一款和第二款的规定，当一个人（除适用第六款规定的独立地位代理人以外）在缔约国一方代表缔约国另一方的企业进行活动，有权以该企业的名义签订合同并经常行使这种权力，这个人为该企业进行的任何活动，应认为该企业在该缔约国一方设有常设机构，除非这个人通过固定营业场所进行的活动限于第四款的规定。按照该款规定，不应认为该固定营业场所是常设机构。

六、缔约国一方企业仅通过按常规经营本身业务的经纪人、一般佣金代理人或者任何其他独立地位代理人在缔约国另一方进行营业，不应认为在该缔约国另一方设有常设机构。但如果该代理人的活动全部或几乎全部代表该企业，且企业和代理人之间的商业和财务关系不同于非关联企业之间应有的关系，则不应认为是本款所指的独立地位代理人。

七、缔约国一方的居民公司，控制或被控制于缔约国另一方的居民公司或者在该缔约国另一方进行营业的公司（不论是否通过常设机构），仅凭此项事实不能使任何一方公司构成另一方公司的常设机构。

以中德协定的常设机构条款为范例，我们可以总结如下（见表

7-6）：

表 7-6

常设机构种类	外国公司在华的经营活动	构成常设机构的条件
机构场所	企业进行全部或部分营业的固定营业场所。 “常设机构”一语特别包括： （一）管理场所； （二）分支机构； （三）办事处； （四）工厂； （五）作业场所； （六）矿场、油井或气井、采石场或者其他开采自然资源的场所。	正列举的机构场所（准备性质辅助性质的相关存在除外）。
建筑安装	建筑工地，建筑、装配或安装工程，或者与其有关的监督管理活动。	仅以该工地、工程或活动连续超过 12 个月的为限。
劳务	缔约国一方企业通过雇员或者雇用的其他人员在缔约国另一方提供劳务，包括咨询劳务。	该性质的活动（为同一或相关联的项目）在任何 12 个月中连续或累计超过 183 天的。
非独立代理人	当一个人（独立地位代理人除外）在缔约国一方代表缔约国另一方的企业进行活动，有权以该企业的名义签订合同并经常行使这种权力。	经常性的代表签约行为（结合国税发〔2010〕75 号文件规定进行具体分析）。

也就是说，如果德国企业派雇员在我国从事建安工程连续超过了 12 个月，或者派雇员来华在我国提供劳务的时间，在任意 12 个月中连续或者累计超过 183 天，就在我国构成了常设机构。

特别需要注意的是，根据《〈中华人民共和国政府和新加坡共和国政府关于对所得避免双重征税和防止偷漏税的协定〉及议定书条文解释》（国税发〔2010〕75号文件印发）的规定，同一企业从事的有商业相关性或连贯性的若干个项目应视为“同一项目或相关联的项目”。这里所说的“商业相关性或连贯性”，需视具体情况而定。在判断若干个项目是否为关联项目时，应考虑下列因素：

（1）这些项目是否被包含在同一个总合同里。

（2）如果这些项目分属于不同的合同，这些合同是否与同一人或相关联的人所签订；前一项目的实施是否是后一项目实施的必要条件。

（3）这些项目的性质是否相同。

（4）这些项目是否由相同的人员实施等。

由此可见，如果德国企业派员工到我国境内的子公司，参与我国境内企业从事的有商业相关性或连贯性的若干个项目，在计算任意12个月中是否连续或累计超过183天时，需要将以上具有商业相关性或连贯性的若干个项目服务的时间一同计算。

另外还要注意，我国与一些国家签订的税收协定在对于劳务活动构成常设机构的表述上采用的不是“183天”而是“6个月”。比如中日税收协定中约定：“缔约国一方企业通过雇员或其他人员在缔约国另一方提供的咨询劳务，除适用第七款规定的独立代理人以外，这些活动（为同一个项目或两个及两个以上相关联的项目）在任何12个月中连续或累计超过6个月的，应认为在该缔约国另一方设有常设机构。”在政策执行时，部分观点认为“6个月”相较于“183天”更加严格。“183天”

是需要在任何连续 12 个月中连续或累计的在华天数超过 183 天；而“6 个月”是指任何连续 12 个月只要其中有 6 个月每月有在华天数即可。

比如某劳务活动连续在华 6 个月，每个月仅有 1 天的在华天数，那么其就符合了“6 个月”的表述条件，但不符合“183 天”的表述条件。

对于上述问题，《国家税务总局关于税收协定执行若干问题的公告》（国家税务总局公告 2018 年第 11 号）明确，常设机构条款中关于劳务活动构成常设机构的表述为“在任何 12 个月中连续或累计超过 6 个月”的，按照“在任何 12 个月中连续或累计超过 183 天”的表述执行。也就是说，对于劳务活动构成常设机构表述中的“6 个月”和“183 天”应作相同理解，按“183 天”执行。

对于协定条款中的“营业”一语和“准备性或辅助性”一语的含义，《国家税务总局关于税收协定常设机构认定等有关问题的通知》（国税发〔2006〕35 号）进一步明确：

> 我国对外谈签的税收协定第五条（常设机构）第一款规定：“常设机构”一语是指企业进行全部或部分营业的固定场所；第四款规定：应认为，常设机构不包括专门为本企业进行准备性或辅助性活动的目的所设的固定营业场所。根据联合国税收协定范本注释、经济合作发展组织税收协定范本注释以及世界上多数国家的做法，对“营业”一语和“准备性或辅助性”一语的含义以及其他涉及常设机构的问题，解释如下：
>
> 一、“营业”一语是对英语“business”一词的翻译，实际含义

不仅仅包括生产经营活动，还包括非营利机构从事的一般业务活动。因此，税收协定缔约对方的非营利机构，通过在我国设立的固定基地或场所从事业务活动，除为该机构进行准备性或辅助性活动外，应认为在我国构成常设机构。

二、对于“准备性或辅助性”活动的判定，应注意以下原则：

（一）固定基地或场所是否仅为总机构提供服务，或者是否与他人有业务往来；

（二）固定基地或场所的业务性质是否与总机构的业务性质一致；

（三）固定基地或场所的业务活动是否为总机构业务的重要组成部分。

如果固定基地或场所不仅为总机构服务，而且与他人有业务往来，或固定基地或场所的业务性质与总机构的业务性质一致，且其业务为总机构业务的重要组成部分，则不能认为该固定基地或场所的活动是准备性或辅助性的。

三、对于缔约国对方居民个人为常设机构工作取得的工资、薪金所得，应按照税收协定“非独立个人劳务”（或“受雇所得”）条款和相关国内税法的规定，计算征收个人所得税。对于涉及为缔约国对方政府提供服务的，按照税收协定“政府服务”条款的规定确定征免税。

四、纳税人认为其在中国境内的机构、场所仅为总机构提供准备性、辅助性服务，不构成常设机构的，应向税务机关提供相关证明资料，由税务机关进行判定。

3. 构成常设机构后的个人所得税涉税问题

根据《OECD 国际税收协定范本》第十五条非独立个人劳务活动条款规定，缔约国一方的居民由于受雇于缔约国另一方取得的报酬，在下列情况下，应仅在首先提及的国家征税：

“（一）收款人在有关会计年度中在缔约国另一方停留累计不超过183 天；

（二）该项报酬是由并非缔约国另一方居民的雇主自付或代表雇主支付的；

（三）该项报酬不由雇主设在另一国的常设机构或固定基地所负担。”

由以上规定可以看出，一旦该外国公司在我国构成常设机构，如果该外国公司的来华雇员无法同时满足上述三个免税条件，我国税务机关就有权对这些外国雇员征收个人所得税。

比如，一个德国企业派雇员来华为其在华的子公司提供技术服务，尽管该雇员在中国境内停留天数不足 183 天，且该雇员的报酬是由德国母公司支付负担的（也就是符合前两个免税条件），但还需要确认该报酬不是由在我国构成的常设机构负担的，才能享受免税待遇。那么，该如何判定外派雇员取得的报酬是否由在我国构成的常设机构负担？

根据 35 号公告第二条的规定，凡境内雇主采取核定征收所得税或者无营业收入未征收所得税的，无住所个人为其工作取得工资、薪金所得，不论是否在该境内雇主会计账簿中记载，均视为由该境内雇主支付或者负担。

综上所述，如果常设机构的企业所得税是核定征收，或者无营业收入未征收企业所得税，那么外派雇员取得的报酬均视为由该境内常设机构支付或者负担。

《中华人民共和国政府和新加坡共和国政府关于对所得避免双重征税和防止偷漏税的协定》及议定书条文解释》规定，如果外籍个人被派驻到外国企业设在中国的常设机构工作，或者，外国企业派雇员及雇用的其他人员在已构成在华常设机构的承包工程或服务项目中工作，则这些人员不论其在中国工作时间是多长，也不论其工资、薪金在何处支付，都应认定其在中国的“常设机构”工作期间的所得是由该“常设机构”负担的。

该解释没有考虑外派雇员的报酬不是由常设机构负担的可能性，统一认为是由境内构成的常设机构负担，虽稍显武断，但由于目前外国企业在我国构成的常设机构，其企业所得税在我国基本均为核定征收，在此情形下，将外派雇员取得的报酬均视为由该境内常设机构支付或者负担是正确的。

综上，一旦该外国公司在我国构成常设机构，如果该外国公司的来华雇员取得的报酬被视为由我国境内的常设机构负担，就无法同时满足协定规定的三个免税条件，其取得的报酬将被视为境内支付，我国税务机关也就有了征税权。

相关税务风险，我们可以通过下面的资料来了解。

延伸阅读

常设机构判定不准容易引发税务风险

外国企业派遣员工到中国提供劳务，往往会忽略一个重要的问题：是否构成常设机构。近日，某中外合资企业B国母公司由于在中国境内提供劳务，被税务机关认定为构成常设机构，其外国派遣员工补缴个人所得税及滞纳金超过4 000万元。有关专家表示，对常设机构判定失误，是很多企业外国员工产生税务风险的重要根源。

外国人补缴税款3 000多万元

记者在采访中了解到，一些非居民企业往往忽视对常设机构的判定，直到被税务机关查处后才后悔莫及。近日就有这样一起案件，涉及某中外合资企业A公司。A公司主要业务是设计、研制、制造和销售乘用车（包括轿车）及其零部件，并提供相应的售后服务，B国母公司派员工负责技术指导和售后服务等工作。近日，北京市地税局开发区分局查明，A公司的B国母公司在华构成常设机构共计51个，在华提供劳务的外国人依法补缴了税款和滞纳金共计4 216.95万元。

据介绍，因A企业项目需求，其B国母公司2012年1月至2015年12月4年间派遣多个项目的雇员到该企业提供劳务，负责技术指导、售后服务等工作。北京市地税局开发区分局发现，在整个项目中，派遣雇员累计在华劳务时间超过183天，形成多个常设机构，但常设机构中的雇员未按规定缴纳个人所得税，便约谈了A企业相关负责人。约谈中，税务机关与企业的分歧主要在于常设机构的判定。企业认为，B国母公司派遣的员工在华停留时间不足183天，不构成常设机构，且员工的收入为境外发放，不需要在中国缴纳个人所得税。

北京市地税局开发区分局认为，根据中国和B国税收协定第五条，常设机构包括“缔约国一方企业通过雇员或其他人员，在缔约国另一方为同一个项目或相关联的项目提供劳务，包括咨询劳务，仅以在任何12个月中连续或累计超过6个月为限”。另外，依据税收协定条文解释，“同一企业从事的有商业相关性或连贯性的若干个项目应视为‘同一项目或相关联的项目’”，并且“劳务活动在任何12月中连续或累计超过183天的规定”。具体计算时，“应按所有雇员为同一个项目提供劳务活动不同时期在中国境内连续或累计停留的时间来掌握”。也就是说，本案中虽然B国母公司派遣的员工在华时间不足183天，但是这些派遣员工在为同一个项目或相关联的项目提供劳务，只要劳务活动的时间在任何12个月中连续或累计超过6个月，就构成常设机构。

根据上述规定，在A企业提供劳务活动的外国员工为同一项目提供服务，且累计停留时间超过183天，该项目应判定为常设机构。判定非居民企业在华构成常设机构意味着，不论其雇佣的外国员工在中国境内工作时间是多长，也不论该员工的工资、薪金在何处支付，都应认为其在华常设机构工作期间的所得是由常设机构负担的，视为来源于中国境内的收入，中国有权就其在华期间取得的所得征税。在税务机关做了大量取证分析工作，并多次约谈企业负责人进行税法宣传和辅导后，企业最终认同了税务机关的观点，共依法补缴个税税款 3 315.03 万元，滞纳金 901.92 万元，共计 4 216.95 万元。

境外企业和员工均有风险

记者在采访中发现，与上文类似的案例在实践中并不少见，而且越来越多。多位地税机关的相关人士告诉记者，境外企业之所以在这方面存在税务风险，主要原因是境外非居民企业及其派遣人员对税收协定及中国相关税收法规不了解，真正故意逃避缴纳税款的并不多。这就意味着，了解相关政策规定，是非居民企业及其员工防范税务风险的首要工作。

北京市地税局开发区分局相关负责人告诉记者，实践中，183 天的停留时限是一个非常关键的点。很多非居民企业对派遣人员一个纳税年度内在华停留时间超过 183 天要缴个人所得税的规定比较清楚，但是，对派遣人员在境内一个纳税年度停留不超过 183 天也可能构成个人所得税纳税义务并不清楚。因此，该负责人提醒在华投资或提供劳务的非居民企业，一定要高度重视相关税收协定和中国国内法律、法规。该负责人说，《国家税务总局关于在中国境内无住所的个人取得工资、薪金所得纳税义务问题的通知》（国税发〔1994〕148 号）对外国人在华取得的收入如何计税做了明确的规定，但是很多非居民企业都不了解。

记者了解到，近年来，随着对外经济交往的深入发展，外国企业派遣人员到中国境内企业提供设备安装、项目管理、技术咨询等劳务的情形日渐增多，此类外国员工存在两个特点：一是入境时间短，在中国境内停留时间一般不超过 183 天，属于非居民纳税人。二是取得薪酬一般由境外企业支付。对于这类外国人，中国税务机关正在不断强化税收征管，未来的税务风险会越来越大。

一些业内人士坦言，根据现行税法规定，个人所得税以所得人为纳税义务人，以支付所得的单位和个人为扣缴义务人。该条款在实际执行过程中存在较大的难度。对于在中国境内提供劳务构成常设机构的人员而言，其支付单位为境外企业。在对常设机构的实际征管中，税务机关很难要求境外企业对其扣缴个人所得税，通常要求管辖范围内接受服务的境内公司协助常设机构开展纳税申报。

"不过，这种情况正在得到改变。"北京市地税局开发区分局有关负责人告诉记者，虽然在华提供劳务的外国人收入由境外机构提供，但是境外机构获取收入的项目在中国境内，整个项目收入是由中国境内的企业提供的。中国税务机关将会和相关部门强化合作，及时掌握项目进度，一旦境外机构不督促在境内提供劳务的个人及时申报纳税，对于欠缴个人所得税的外国人，将限制其出境或入境。另外，中国目前已经全面强化了涉税情报交换工作，对外国人的税收监管正越来越严格。

税收征管重要性日益凸显

对于税务机关而言，外国人的税收监管正日益显得重要。对此，各地税务机关一直在思考和探索。

"税企双方都要强化对相关税收协定和中国国内法律、法规的学习。"采访中，多位税务人员都不约而同地表示。大家普遍认为，无论从纳税人遵从税法的角度看，还是从税务机关强化征管的角度看，清晰、准确地理解税收政策规定都是非常重要的第一步。因此，建议税务机关通过网站、报纸和座谈会等多种形式，开展税收协定及相关法律、法规的宣传，从源头抓起，提高非居民企业的税法遵从度，维护中国税收主权。特别是结合一些最新案例，总结企业理解相关协定条款和法律法规的薄弱环节，对症下药，有针对性地采取一些措施。

北京市地税局国际税收管理处负责人王秉明表示，强化外国人的税收征管，必须完善税收立法和相关制度。在他看来，当前应该尽快对以下三个方面予以明确：一是非居民企业在华常设机构的各税种纳税义务和征收管理要求；二是常设机构灭失后由非居民企业承担常设机构未履行的税收法律责任；三是税务机关向境外非居民企业追缴各税种的具体途径和方式。同时，应该尽快制定常设机构税收管理工作规程。一方面，应该明确常设机构设立登记、变更登记、注销登记管理要求，从登记范围、登记内容、数据标准等层面入手，建立与工商登记相衔接的制度体系。另一方面，应该明确常设机构的日常征管要求。包括常设机构的判定程序，使用法律文书，各税种的征收管理方式，调查巡查和纳税评估要求等。

北京市地税局开发区分局有关负责人表示，加强外国人的税收管理，关键是要强化常设机构的源头管理，规范常设机构来华外国人的征管流程，落实常设机构税务登记规定，从源头掌握非居民企业信息，掌握详细数据，为税款征收提供信息支持。同时，根据常设机构登记信息，对相关企业实施跟踪管理。一方面，应该完善常设机构人员离境清税制度，要求结束在华活动的常设机构对外国人纳税情况开展清算，督促扣缴义务人进行纳税申报；另一方面，加强与国税局、外汇管理局、出入境管理部门等相关部门的联系与合作，拓宽信息来源渠道，及时做好常设机构判定。

（资料来源：张萌，张剀．常设机构判定不准容易引发税务风险［N］．中国税务报，2016-10-21.）

最后，还需要注意常设机构的扣缴义务人的问题。关于这个问题，笔者曾在《中国税务报》发表过自己的观点。请见下面的资料。

延伸阅读

常设机构个税扣缴义务人需明确

近日，一家日资企业来电咨询，该公司本月在一家日本企业购买了机器设备并签订了技术服务合同，对方将于下月起派8位雇员来华负责该企业的设备安装技术指导，此项工程预计历时10个月。该项目是否涉及个人所得税？

根据《中华人民共和国政府和日本国政府关于对所得避免双重征税和防止偷漏税的协定》第五条常设机构条款规定，缔约国一方企业通过雇员或其他人员在缔约国另一方提供的咨询劳务，在任何12个月中连续或累计超过六个月的，应认为在该缔约国另一方设有常设机构。也就是说该企业的技术服务合同将构成常设机构，对提供服务的人员执行协定非独立个人劳务条款的相关规定。这8位雇员在中国境内工作期间所取得的工薪收入应在中国缴纳工资、薪金所得个人所得税。

但是，常设机构个人所得税的征缴在实际工作中仍存在较为突出的问题。《个人所得税法》第八条规定，个人所得税以所得人为纳税义务人，以支付所得的单位或者个人为扣缴义务人。但该条款在实际执行过程中存在较大的难度。对于在中国境内提供服务构成常设机构的人员而言，其支付单位为境外企业。在对常设机构的实际征管中，税务机关很难要求境外企业对其扣缴个人所得税，通常要求管辖范围内接受服务的境内公司协助扣缴申报缴纳税款。但根据个人所得税法，接受服务的境内公司并没有代扣代缴的义务，该做法存在一定的税务风险。因此，建议国家税务总局能够对常设机构的扣缴义务人进行明确。

（资料来源：孙彤．常设机构个税扣缴义务人需明确［N］．中国税务报，2016-01-08（12）．）

（四）关于无住所个人适用董事费条款的规定

根据35号公告第四条的规定，对方税收居民个人为高管人员，该个人适用的税收协定未纳入董事费条款，或者虽然纳入董事费条款但该个人不适用董事费条款，且该个人取得的高管人员报酬可享受税收协定受雇所得、独立个人劳务或者营业利润条款规定待遇的，该个人取得的高管人员报酬可不适用前面第六章介绍的无住所个人为高管人员工资、薪金所得收入额计算的相关规定，而是分别按照35号公告第四条关于无住所个人适用税收协定部分的受雇所得条款、独立个人劳务或者营业利润条款的规定执行。

对方税收居民个人为高管人员，该个人取得的高管人员报酬按照税收协定董事费条款规定可以在境内征收个人所得税的，应按照有关工资、薪金所得或者劳务报酬所得规定缴纳个人所得税。

董事费条款在税收协定条款中是比较特殊的一项。相对于其他税收协定条款而言，董事费条款是相对严格的条款。比如我们在本章前面介绍的受雇所得条款明确，对方税收居民个人在符合一定条件的前提下，其境外或者境内受雇所得，在我国可以不缴纳个人所得税。对于对方税收居民个人取得的受雇所得而言，其应该对比一下协定待遇和国内法，看哪个纳税义务更轻，从而选择是执行协定条款还是国内法的相关规定。

税收协定中的董事费条款采取的也是支付地规则，其纳税义务与我们国内法的规定（详见第六章）是相同的。根据董事费条款的规定，其取得来源于我国的董事费或者其他类似款项，我国有征税权。也就是说，对于构成缔约对方税收居民个人的高管人员来说，其取得的高管人员报酬执行协定的董事费条款与执行国内法的纳税义务无差别。

值得注意的是，并不是我国与所有国家签订的协定中都含有董事费条款，也不是所有的董事费条款适用对象都包含监事和高级管理人员。因此，如果高管人员构成对方税收居民个人，且该个人适用的税收协定中没有董事费条款，或者虽然协定中有董事费条款但该个人可以不适用董事费条款（比如该个人仅是高管人员，但是协定的董事费条款中仅包含董事、监事，而不含高管人员），并且该无住所高管人员取得的高管人员报酬符合享受税收协定中的受雇所得条款、独立个人劳务或者营业利润条款待遇条件，其可以不执行国内法，而选择享受协定的受雇所得、独立个人劳务或者营业利润条款待遇。

整体来说，大部分协定都有董事费条款，但并非所有协定都有高管条款。部分地区税务机关曾进行过梳理，结论如下：

（1）董事费条款中未明确表述包括企业高层管理人员的协定或安排的签订国家和地区包括：日本、美国、法国、英国、比利时、德国、马来西亚、丹麦、新加坡、芬兰、新西兰、意大利、荷兰、捷克、波兰、澳大利亚、保加利亚、瑞士、塞浦路斯、西班牙、罗马尼亚、奥地利、巴西、蒙古、匈牙利、阿联酋、卢森堡、韩国、俄罗斯、毛里求斯、克罗地亚、白俄罗斯、巴布亚新几内亚、印度、马耳他、斯洛文尼亚、以色列、原南斯拉夫、中国香港、塞舌尔、越南、土耳其、亚美尼亚、立陶宛、拉脱维亚、乌兹别克斯坦、冰岛、孟加拉、乌克兰、苏丹、马其顿、爱沙尼亚、老挝、爱尔兰、埃及、南非、巴巴多斯、菲律宾、摩尔多瓦、委内瑞拉、古巴、尼泊尔、哈萨克斯坦、印度尼西亚、阿曼、突尼斯、巴林、尼日利亚、伊朗、希腊、吉尔吉斯斯坦、斯里兰卡、特立尼达和多巴哥、中国澳门。

（2）董事费条款中明确表述包括企业高层管理人员的协定的签订国家包括：挪威、加拿大、瑞典、泰国、巴基斯坦、牙买加、葡萄牙、科威特。

我们通过表 7–7 对高管人员的纳税义务进行归纳。

表 7-7

<table>
<tr><th colspan="2">条　款</th><th>具体规定</th></tr>
<tr><td colspan="2">35 号公告第一条（国内法部分）</td><td>对于担任境内居民企业的董事、监事及高层管理职务的个人，无论是否在境内履行职务，取得由境内居民企业支付或者负担的董事费、监事费、工资薪金或者其他类似报酬，属于来源于境内的所得。</td></tr>
<tr><td rowspan="3">税收协定董事费条款</td><td>仅适用董事</td><td>缔约国一方居民作为缔约国另一方居民公司的董事会成员取得的董事费和其他类似款项，可以在该缔约国另一方征税。</td></tr>
<tr><td>适用董事、监事</td><td>缔约国一方居民作为缔约国另一方居民公司的董事会或类似机构成员取得的董事费和其他类似款项，可以在该缔约国另一方征税。</td></tr>
<tr><td>适用董事、监事、高层管理人员</td><td>缔约国一方居民作为缔约国另一方居民公司的董事会或类似机构成员取得的董事费和其他类似款项，可以在该缔约国另一方征税。
缔约国一方居民作为缔约国另一方居民公司的高级管理职位的职员取得的薪金、工资和其他类似报酬，可以在该缔约国另一方征税。</td></tr>
</table>

例如，A 国的 R 先生为无住所高管人员，其为中国境内居民企业高层管理人员，取得由中方企业支付并负担的工资、薪金。根据 A 国法律，根据住所、居所等标准，R 先生在 A 国负有纳税义务，为 A 国税收居民个人。所以，如果 A 国与我国签署的税收协定中没有董事费条款，或者虽有董事费条款，但其适用范围不含高层管理人员，那么 R 先生可以选择适用税收协定中的受雇所得条款；但是，如果 A 国与我国签署的税收协定中的董事费条款适用范围包含高层管理人员，R 先生要执行税收协定则应当适用董事费条款，由于其纳税义务与国内法的相关规定

相同，因此该情形下可以适用国内法。

我们举例说明。

INDIVIDUAL INCOME TAX 案例 7-6

德国人罗伯特是德国税收居民，任职于我国境内一家制造企业。罗伯特先生 2022 年在中国境内居住天数超过 90 天不足 183 天，其为该汽车制造企业的高层管理人员。

中德税收协定是有董事费条款的，但其董事费条款的表述并没有包括企业高层管理人员，因此罗伯特作为企业高层管理人员可不适用 35 号公告中的公式三，而是按照中德税收协定中的受雇条款享受相关协定待遇，如果其符合境内受雇所得条款的三个条件，则可以直接适用上述公告中的公式一。

（五）关于无住所个人适用特许权使用费或者技术服务费条款的规定

根据 35 号公告第四条的规定，特许权使用费或者技术服务费协定待遇，是指按照税收协定特许权使用费或者技术服务费条款规定，对方税收居民个人取得符合规定的特许权使用费或者技术服务费，可按照税收协定规定的计税所得额和征税比例计算纳税。

也就是说，在享受税收协定待遇，执行特许权使用费和技术服务费条款时，应按照相关协定条款规定的计税所得额和征税比例分项计算应缴纳的税款。

从国内法的视角看，根据《个人所得税法》的相关规定，居民个人取得的工资、薪金及劳务报酬、稿酬、特许权使用费为综合所得，按纳税年度合并计算个人所得税，适用累进税率。

我们举例说明。

INDIVIDUAL INCOME TAX 案例 7–7

来自 A 国的无住所个人 C 先生，一个纳税年度内在我国境内居住累计满 183 天，按我国的国内法已经构成了我国的居民个人。C 先生在我国没有永久性住所。根据 A 国法律，按照住所、居所等标准，C 先生在 A 国负有纳税义务，是 A 国居民个人。由于 C 先生在 A 国有永久性住所，因此根据税收协定的加比规则，C 先生为 A 国的税收居民。2019 年 C 先生在取得了来源于我国的特许权使用费 100 万元。

如果 C 先生选择适用税收协定，假设协定规定来源国可以按全额的 10% 比例征税，那么 C 先生在我国应缴纳个人所得税为：100 × 10%=10（万元）。

如果 C 先生选择不适用税收协定，而是适用我国的国内法，那么 C 先生应在我国预扣预缴个人所得税为：100 ×（1–20%）× 20%=16（万元），并且年度终了后要并入综合所得进行汇算清缴。

35号公告第四条同时规定，无住所居民个人为缔约对方税收居民个人，其取得的特许权使用费所得、稿酬所得或者劳务报酬所得可享受特许权使用费或者技术服务费协定待遇的，可不纳入综合所得，在取得当月按照税收协定规定的计税所得额和征税比例计算应纳税额，并预扣预缴税款。年度汇算清缴时，该个人取得的已享受特许权使用费或者技术服务费协定待遇的所得不纳入年度综合所得，单独按照税收协定规定的计税所得额和征税比例计算年度应纳税额及补退税额。

非居民个人为缔约对方税收居民个人，其取得的特许权使用费所得、稿酬所得或者劳务报酬所得可享受特许权使用费或者技术服务费协定待遇的，可按照税收协定规定的计税所得额和征税比例计算应纳税额。

从上述规定中可以看出，在国内法和税收协定之间，纳税人可以选择适用。居民个人选择适用税收协定的，其收入可以不纳入综合所得，在取得所得的当月，按照税收协定规定的计税所得额和征税比例计算应纳税额；年度汇算清缴时，已享受协定待遇的不纳入年度综合所得，单独按照税收协定规定的计税所得额和征税比例计算年度应纳税额及补退税额。非居民个人享受特许权使用费或者技术服务费协定待遇时，直接按照税收协定规定的计税所得额和征税比例计算应纳税额。

我们继续举例说明。

INDIVIDUAL INCOME TAX 案例 7-8

（承案例 7-7）C 先生取得的 100 万元特许权使用费所得，如果选择适用税收协定，则在其作为居民个人年终汇算清缴时，不再纳入综合所得进行汇算。

我们可以通过《财政部税政司 税务总局所得税司 税务总局国际税务司关于非居民个人和无住所居民个人有关个人所得税政策问题的解答》中的第八问进一步深入理解本章内容。

问：无住所个人如何享受税收协定的待遇？

答：《公告》规定，无住所个人按照税收协定（包括内地与香港、澳门签订的税收安排）居民条款为缔约对方税收居民（以下简称对方税收居民）的，即使其按照税法规定为中国税收居民，也可以按照税收协定的规定，选择享受税收协定条款的优惠待遇。主要优惠待遇包括：

一是境外受雇所得协定待遇。根据税收协定中受雇所得条款，对方税收居民个人在境外从事受雇活动取得的受雇所得，可不缴纳个人所得税，仅将境内所得计入境内计税的工资薪金收入额，计算缴纳个人所得税。

二是境内受雇所得协定待遇。根据税收协定中受雇所得条款，对方税收居民个人在税收协定规定的期间内境内停留天数不超过183天的，从事受雇活动取得受雇所得，只将境内支付的境内所得计入境内计税的工资薪金收入额，计算缴纳个人所得税。

三是独立个人劳务或者营业利润协定待遇。根据税收协定中独立个人劳务或者营业利润条款，对方税收居民取得独立个人劳务所得或者营业利润，符合税收协定规定条件的，可不缴纳个人所得税。

四是董事费条款规定。对方税收居民为高管人员，取得的董事费、监事费、工资薪金及其他类似报酬，应优先适用税收协定董事费条款相关规定。如果对方税收居民不适用董事费条款的，应按照税收协定中受雇所得（非独立个人劳务）、独立个人劳务或营业利润条款的规定处理。

五是特许权使用费或者技术服务费协定待遇。根据税收协定中特许权使用费条款或者技术服务费条款，对方税收居民取得特许权使用费或技术服务费，应按不超过税收协定规定的计税所得额和征税比例计算纳税。《公告》规定，无住所居民个人在根据税收协定的居民条款被判定为对方税收居民，并选择享受协定待遇时，可按照税收协定规定的计税所得额和征税比例单独计算应纳税额，不并入综合所得计算纳税。

按照国内税法判定为居民个人的，可以在预扣预缴和汇算清缴时按规定享受协定待遇，按照国内税法判定为非居民个人的，可以在取得所得时享受协定待遇。

FOREIGN-RELATED
Individual Income Tax

第八章

无住所个人的征管规定

在前面的章节中，我们已经对无住所个人的国内法与协定的政策内容进行了梳理，本章我们将从无住所个人的相关征管规定、扣缴申报管理、享受协定待遇的申报管理等方面进行讲解。

一、无住所个人的相关征管规定

（一）关于无住所个人预估本人属于居民个人还是非居民个人的规定

《财政部 税务总局 关于非居民个人和无住所居民个人有关个人所得税政策的公告》（财政部 税务总局公告 2019 年第 35 号，以下简称 35 号公告）第五条对无住所个人相关征管问题做出了规定。

根据 35 号公告的规定，无住所个人在一个纳税年度内首次申报时，应当根据合同约定等情况预计一个纳税年度内境内居住天数以及在税收协定规定的期间内境内停留天数，按照预计情况计算缴纳税款。也就是说，个人预计本人在境内居住时间短于 183 天的，可以暂按照非居民个人的身份缴纳税款；个人预计本人在境内居住时间超过 183 天的，可以暂按照居民个人的身份缴纳税款。实际情况与预计情况不符的，35 号公告建立了事后调整机制，分别按照以下规定处理：

（1）无住所个人预先判定为非居民个人，因延长居住天数达到居民个人条件的，一个纳税年度内税款扣缴方法保持不变，年度终了后按照居民个人有关规定办理汇算清缴，但该个人在当年离境且预计年度内不再入境的，可以选择在离境之前办理汇算清缴。

（2）无住所个人预先判定为居民个人，因缩短居住天数不能达到居民个人条件的，应当在不能达到居民个人条件之日起至年度终了 15 天内，向主管税务机关报告，按照非居民个人重新计算应纳税额，申报补缴税款，不加收税收滞纳金。需要退税的，按照规定办理。

《财政部税政司 税务总局所得税司 税务总局国际税务司关于非居民个人和无住所居民个人有关个人所得税政策问题的解答》中的第九问也对这一问题进行了进一步阐述。

问：年度首次申报时，无住所个人如何判定是居民个人还是非居民个人？

答：年度首次申报时，无住所个人在境内的实际居住天数不满 183 天，暂时无法确定其为居民个人还是非居民个人。为降低纳税人的税收遵从成本，《公告》赋予无住所个人预先选择税收居民身份的权利。具体是，无住所个人在一个纳税年度内首次申报时，应当根据合同约定等情况自行判定是居民个人或非居民个人，并按照有关规定进行申报。当预计情况与实际情况不符的，无住所个人再按照《公告》规定进行调整。

由以上规定可以看出，无住所个人在一个纳税年度内首次申报时，应当根据合同约定等情况自行预计一个纳税年度内境内居住天数以及在税收协定规定的期间内的境内停留天数，按照预计情况计算缴纳税款。

对于无住所个人来说，每一年度内其在我国居住的天数不同，纳税义务以及收入额的计算方式也是不一样的，而一个年度内在我国最终的居住天数只有到年度终了后才能准确无误地计算出来。因此，在年初以及年度中间进行申报时，无住所个人要对本年度在我国境内的居住天数先行预判，再根据其预判的境内居住时间来确认在我国的纳税义务及收入额，从而计算缴纳税款来进行申报。

正因为是预判，所以会出现实际居留天数与预计情况不一致的情形。因此，如果无住所个人预计本年度在中国境内的停留天数不足183天，应先按非居民个人申报方式申报。即使因为合同延期、工作或者个人等原因，年度内在中国的居住天数达到了183天，也就是说满足了构成我国居民个人的条件，在纳税年度内，扣缴方法仍然保持不变，也就是说年度内仍按照年初时预计为非居民个人的收入额计算方法以及计税方式由扣缴义务人进行代扣代缴，每月的收入额按月度税率表单独计税的方式不变，待年度终了后，再按居民个人的要求，将其年度内取得工资、薪金及劳务报酬、稿酬、特许权使用费所得合并，按年计税，适用年度税率表进行汇算清缴，税款多退少补。需要注意的是，如果该无住所个人在当年要离开中国且预计年度内不再入境，可以选择在离境之前办理汇算清缴。这也是一个非常人性化的规定。

反之，如果无住所个人预先判定为其年度内在我国的居住天数可以达到 183 天，满足我国居民个人条件，那么该个人应该按我国居民个人的累计预扣法预扣预缴税款。一旦由于特殊情况，该无住所个人在我国境内的居住天数不足 183 天，无法满足居民个人条件，应该在确定不能达到居民个人条件之日起至年度终了 15 天内，向主管税务机关报告，按照非居民个人的计税方式重新计算应纳税额，申报应补缴的税款，并且不加收税收滞纳金。需要退税的，按照规定办理。这里需要注意，对于该情形的申报时限与前面介绍的预判为非居民个人后达到居民条件的申报时限是有所区别的，在不能达到居民个人条件之日起至年度终了 15 天内，就应当向主管税务机关报告。需要说明的是，35 号公告对此种情形给予了一个“史上最长”的申报期，主要原因是，无住所个人年初已按居民个人身份进行申报，享受了工资、薪金预扣预缴的累计预扣法，平时已使用年度税率，“税没缴够”，其在年度中间随时会出于各种原因离开中国，那么其在当年就不具备居民个人资格，对于不同无住所个人而言，这种情况从年初一直到年底都有可能发生，纳税人需要依照无住所非居民个人身份重新计算税款，多退少补。既然税收政策在这个问题上“开了口子”，就不应加收滞纳金，这是为了保证征税制度的顺畅运行。

（二）关于无住所个人预计境内居住时间是否达到90天或者183天的规定

根据35号公告的规定，无住所个人预计一个纳税年度境内居住天数累计不超过90天，但实际累计居住天数超过90天的，或者对方税收居民个人预计在税收协定规定的期间内境内停留天数不超过183天，但实际停留天数超过183天的，待达到90天或者183天的月度终了后15天内，应当向主管税务机关报告，就以前月份工资、薪金所得重新计算应纳税款，并补缴税款，不加收税收滞纳金。需要说明的是，这并不是对税收居民身份的事后调整，纳税人在该情形下仍为非居民个人。该情形主要针对适用《个人所得税法实施条例》第五条规定。来华居住时间短于90天（有协定的为183天），对其境外支付的境内所得暂不征税，纳税人在此期间未缴纳税款，一旦个人来华时间超过上述90天（有协定的为183天）期限，应就此前未缴纳税款，依照规定在中国境内补税，一次性补缴三个月或者半年的税款，为保证该条例第五条规定的有效实施，促进国际经济、文化交流，此种情形不加收滞纳金。

（三）关于无住所个人境内雇主报告境外关联方支付工资、薪金所得的规定

根据35号公告的规定，无住所个人在境内任职、受雇取得来源于境内的工资、薪金所得，凡境内雇主与境外单位或者个人存在关联关系，

将本应由境内雇主支付的工资、薪金所得，部分或者全部由境外关联方支付的，无住所个人可以自行申报缴纳税款，也可以委托境内雇主代为缴纳税款。无住所个人未委托境内雇主代为缴纳税款的，境内雇主应当在相关所得支付当月终了后15天内向主管税务机关报告相关信息，包括境内雇主与境外关联方对无住所个人的工作安排、境外支付情况以及无住所个人的联系方式等。

需要注意的是，无住所个人在境内任职、受雇取得来源于境内的工资、薪金所得，但本应由境内雇主支付的工资、薪金所得，由境外关联方支付的，无住所个人可以委托境内雇主代为缴纳税款，但如果其未委托境内雇主代为缴纳税款，由于在这种情况下是由境外单位支付款项，境内单位没有扣缴义务，因此35告公告要求境内单位履行报告义务，以便于税务机关日常征管。这样处理的主要考虑：一是在原有规定下，对上述情况设定了境内单位的扣缴义务，按照税收征管法的字面意思，直接设定扣缴义务有所不妥，但是，跨国公司之间由境内还是境外支付报酬是可以人为调控的，如果无住所个人被派遣在境内关联方单位工作，境内关联方单位对该无住所个人不承担扣缴义务，也不承担报告义务，则会形成大面积的税收漏洞。在此情况下，我们引导无住所个人自行委托境内单位代办税款缴纳事宜，其实际执行效果与“扣缴”是一致的。二是对于出于个人原因不愿意委托境内单位缴纳税款的，为便于税收信息传递，方便税务机关及时介入管理，赋予境内单位一项主动报告义务，既减少税收流失，又不违背税收征管法的相关规定。

对于这个问题，可以结合《财政部税政司 税务总局所得税司 税务总局国际税务司关于非居民个人和无住所居民个人有关个人所得税政策问题的解答》中的第十问进行理解。

问：无住所个人在境内任职，取得由境外单位支付的工资薪金所得，境内雇主应履行什么义务？

答：无住所个人在境内任职、受雇取得的工资薪金所得，有的是由其境内雇主的境外关联方支付的。在此情况下，尽管境内雇主不是工资薪金的直接支付方，为便于纳税遵从，根据《公告》的有关规定，无住所个人可以选择在一个纳税年度内自行申报缴纳税款，或者委托境内雇主代为缴纳税款。对于无住所个人未委托境内雇主代为缴纳税款的，境内雇主负有报告义务，应当在相关所得支付当月终了后15日内向主管税务机关报告相关信息。

无住所个人选择委托境内雇主代为缴纳税款的，境内雇主应当比照《个人所得税扣缴申报管理办法（试行）》（国家税务总局公告2018年第61号）第六条和第九条有关规定计算应纳税款，填写《个人所得税扣缴申报表》，并于相关所得支付当月终了后15日内向主管税务机关办理纳税申报。无住所个人选择自行申报缴纳税款的，应当比照《个人所得税扣缴申报管理办法（试行）》（国家税务总局公告2018年第61号）第九条有关规定计算应纳税款，填写《个人所得税自行纳税申报表（A表）》，并于取得相关所得当月终了后15日内向其境内雇主的主管税务机关办理自行纳税申报。

二、无住所个人的扣缴申报管理

（一）无住所居民个人扣缴申报管理

无住所个人达到居民个人条件的，对其扣缴申报的管理与在我国境内有住所的居民个人保持一致。

1. 工资、薪金所得

根据《个人所得税扣缴申报管理办法（试行）》（国家税务总局公告 2018 年第 61 号发布）第六条的规定，扣缴义务人向居民个人支付工资、薪金所得时，应当按照累计预扣法计算预扣税款，并按月办理扣缴申报。

累计预扣法，是指扣缴义务人在一个纳税年度内预扣预缴税款时，以纳税人在本单位截至当前月份工资、薪金所得累计收入减除累计免税收入、累计减除费用、累计专项扣除、累计专项附加扣除和累计依法确定的其他扣除后的余额为累计预扣预缴应纳税所得额，适用《个人所得税预扣率表一》，计算累计应预扣预缴税额，再减除累计减免税额和累计已预扣预缴税额，其余额为本期应预扣预缴税额。余额为负值时，暂不退税。纳税年度终了后余额仍为负值时，由纳税人通过办理综合所得年度汇算清缴，税款多退少补。

具体计算公式如下：

本期应预扣预缴税额 =（累计预扣预缴应纳税所得额 × 预扣率 − 速算扣除数）− 累计减免税额 − 累计已预扣预缴税额

累计预扣预缴应纳税所得额 = 累计收入 − 累计免税收入 − 累计减除费用 − 累计专项扣除 − 累计专项附加扣除 − 累计依法确定的其他扣除

其中，累计减除费用按照 5 000 元 / 月乘以纳税人当年截至本月在本单位的任职受雇月份数计算。

2. 劳务报酬所得、稿酬所得、特许权使用费所得

根据《个人所得税扣缴申报管理办法（试行）》第八条的规定，扣缴义务人向居民个人支付劳务报酬所得、稿酬所得、特许权使用费所得时，应当按照以下方法按次或者按月预扣预缴税款：

劳务报酬所得、稿酬所得、特许权使用费所得以收入减除费用后的余额为收入额；其中，稿酬所得的收入额减按 70% 计算。

减除费用：预扣预缴税款时，劳务报酬所得、稿酬所得、特许权使用费所得每次收入不超过 4 000 元的，减除费用按 800 元计算；每次收入 4 000 元以上的，减除费用按收入的 20% 计算。

应纳税所得额：劳务报酬所得、稿酬所得、特许权使用费所得，以每次收入额为预扣预缴应纳税所得额，计算应预扣预缴税额。劳务报酬所得适用《个人所得税预扣率表二》，见表 8–1。

表 8-1

级数	含税级距	税率（%）	速算扣除数
1	不超过 20 000 元的	20	0
2	超过 20 000 元至 50 000 元的部分	30	2 000
3	超过 50 000 元的部分	40	7 000

稿酬所得、特许权使用费所得适用 20% 的比例预扣率。

居民个人办理年度综合所得汇算清缴时，应当依法计算劳务报酬所得、稿酬所得、特许权使用费所得的收入额，并入年度综合所得计算应纳税款，税款多退少补。

（二）非居民个人扣缴申报管理

根据《个人所得税扣缴申报管理办法（试行）》第九条的规定，扣缴义务人向非居民个人支付工资、薪金所得，劳务报酬所得，稿酬所得和特许权使用费所得时，应当按照以下方法按月或者按次代扣代缴税款：

非居民个人的工资、薪金所得，以每月收入额减除费用 5 000 元后的余额为应纳税所得额；劳务报酬所得、稿酬所得、特许权使用费所得，以每次收入额为应纳税所得额，适用《个人所得税税率表三》计算应纳税额。劳务报酬所得、稿酬所得、特许权使用费所得以收入减除 20% 的费用后的余额为收入额；其中，稿酬所得的收入额减按 70% 计算。

非居民个人在一个纳税年度内税款扣缴方法保持不变，达到居民个人条件时，应当告知扣缴义务人基础信息变化情况，年度终了后按照居民个人有关规定办理汇算清缴。

（三）利息、股息、红利所得，财产租赁所得，财产转让所得或者偶然所得的扣缴申报管理

根据《个人所得税扣缴申报管理办法（试行）》第十条的规定，扣缴义务人支付利息、股息、红利所得，财产租赁所得，财产转让所得或者偶然所得时，应当依法按次或者按月代扣代缴税款。

也就是说，对于利息、股息、红利所得，财产租赁所得，财产转让所得或者偶然所得项目，无住所居民个人和非居民个人的扣缴申报的管理是一致的。

三、享受协定待遇的申报管理

《个人所得税扣缴申报管理办法（试行）》第十二条规定，纳税人需要享受税收协定待遇的，应当在取得应税所得时主动向扣缴义务人提出，并提交相关信息、资料，扣缴义务人代扣代缴税款时按照享受税收协定待遇有关办法办理。

《非居民纳税人享受协定待遇管理办法》（国家税务总局公告 2019 年第 35 号发布，以下简称《管理办法》）也对非居民享受协定待遇的相关征管问题进行了明确。该办法规定，非居民纳税人享受协定待遇，

采取“自行判断、申报享受、相关资料留存备查”的方式办理。即非居民纳税人可以自行判断是否符合享受协定待遇条件，在纳税申报时，或通过扣缴义务人扣缴申报时，自行享受协定待遇，同时按照《管理办法》的相关规定归集和留存相关资料备查，并接受税务机关后续管理。

（一）协定适用和纳税申报

非居民纳税人自行申报的，自行判断符合享受协定待遇条件且需要享受协定待遇，应在申报时报送《非居民纳税人享受协定待遇信息报告表》，并按照《管理办法》第七条的规定归集和留存相关资料备查。

在源泉扣缴和指定扣缴情况下，非居民纳税人自行判断符合享受协定待遇条件且需要享受协定待遇的，应当如实填写《非居民纳税人享受协定待遇信息报告表》，主动提交给扣缴义务人，并按照《管理办法》第七条的规定归集和留存相关资料备查。

扣缴义务人收到《非居民纳税人享受协定待遇信息报告表》后，确认非居民纳税人填报信息完整的，依国内税收法律规定和协定规定扣缴，并如实将《非居民纳税人享受协定待遇信息报告表》作为扣缴申报的附表报送主管税务机关。

非居民纳税人未主动提交《非居民纳税人享受协定待遇信息报告表》给扣缴义务人或填报信息不完整的，扣缴义务人依国内税收法律规定扣缴。

非居民纳税人对《非居民纳税人享受协定待遇信息报告表》填报信

息和留存备查资料的真实性、准确性、合法性承担法律责任。

非居民纳税人发现不应享受而享受了协定待遇，并少缴或未缴税款的，应当主动向主管税务机关申报补税。

非居民纳税人可享受但未享受协定待遇而多缴税款的，可在税收征管法规定期限内自行或通过扣缴义务人向主管税务机关要求退还多缴税款，同时提交《管理办法》第七条规定的资料。

主管税务机关应当自接到非居民纳税人或扣缴义务人退还多缴税款申请之日起30日内查实，对符合享受协定待遇条件的多缴税款办理退还手续。

非居民纳税人享受协定待遇留存备查资料应按照《中华人民共和国税收征收管理法》及其实施细则规定的期限保存。

《管理办法》规定的留存备查资料包括：

（1）由协定缔约对方税务主管当局开具的证明非居民纳税人取得所得的当年度或上一年度税收居民身份的税收居民身份证明；享受税收协定国际运输条款或国际运输协定待遇的，可用能够证明符合协定规定身份的证明代替税收居民身份证明。

（2）与取得相关所得有关的合同、协议、董事会或股东会决议、支付凭证等权属证明资料。

（3）享受股息、利息、特许权使用费条款协定待遇的，应留存证明“受益所有人”身份的相关资料。

（4）非居民纳税人认为能够证明其符合享受协定待遇条件的其他资料。

（二）税务机关后续管理

各级税务机关应当对非居民纳税人享受协定待遇开展后续管理，准确执行协定，防范协定滥用和逃避税风险。

主管税务机关在后续管理时，可要求非居民纳税人限期提供留存备查资料。

主管税务机关在后续管理或税款退还查实工作过程中，发现依据《管理办法》第七条规定的资料不足以证明非居民纳税人符合享受协定待遇条件，或非居民纳税人存在逃避税嫌疑的，可要求非居民纳税人或扣缴义务人限期提供相关资料并配合调查。

《管理办法》规定的资料原件为外文文本的，按照主管税务机关要求提供时，应当附送中文译本，并对中文译本的准确性和完整性负责。

非居民纳税人、扣缴义务人可以向主管税务机关提供资料复印件，但是应当在复印件上标注原件存放处，加盖报告责任人印章或签章。主管税务机关要求报验原件的，应报验原件。

非居民纳税人、扣缴义务人应配合主管税务机关进行非居民纳税人享受协定待遇的后续管理与调查。非居民纳税人、扣缴义务人均未按照税务机关要求提供相关资料，或逃避、拒绝、阻挠税务机关进行后续调查，主管税务机关无法查实其是否符合享受协定待遇条件的，应视为不符合享受协定待遇条件。

非居民纳税人不符合享受协定待遇条件而享受了协定待遇且未缴或少缴税款的，除因扣缴义务人未按《管理办法》第六条规定扣缴申报外，视为非居民纳税人未按照规定申报缴纳税款，主管税务机关依法追缴税款并追究非居民纳税人延迟纳税责任。在扣缴情况下，税款延迟缴纳期限自扣缴申报享受协定待遇之日起计算。

扣缴义务人未按《管理办法》第六条规定扣缴申报，或者未按该办法第十三条规定提供相关资料，发生不符合享受协定待遇条件的非居民纳税人享受协定待遇且未缴或少缴税款情形的，主管税务机关依据有关规定追究扣缴义务人责任，并责令非居民纳税人限期缴纳税款。

依据《中华人民共和国企业所得税法》第三十九条规定，非居民纳税人未依法缴纳税款的，主管税务机关可以从该非居民纳税人在中国境内其他收入项目的支付人应付的款项中，追缴该非居民纳税人的应纳税款。

主管税务机关在后续管理或税款退还查实工作过程中，发现不能准确判定非居民纳税人是否可以享受协定待遇的，应当向上级税务机关报告；需要启动相互协商或情报交换程序的，按有关规定启动相应程序。

《管理办法》第十条所述查实时间不包括非居民纳税人或扣缴义务人补充提供资料、个案请示、相互协商、情报交换的时间。税务机关因上述原因延长查实时间的，应书面通知退税申请人相关决定及理由。

主管税务机关在后续管理过程中，发现需要适用税收协定主要目的测试条款或国内税收法律规定中的一般反避税规则的，适用一般反避税相关规定。

主管税务机关应当对非居民纳税人不当享受协定待遇情况建立信用档案，并采取相应后续管理措施。

FOREIGN-RELATED
Individual Income Tax

第九章
境外所得相关规定

前面介绍了无住所个人涉及的相关政策，本章将讲解境外所得的相关内容，这部分政策主要涉及我国的“走出去”个人。

一、政策背景

《个人所得税法》第一条明确指出了居民个人、非居民个人在中国缴税的所得范围，居民个人就境内、境外所得在我国缴纳个人所得税。但是，居民个人取得的境外所得基于居民管辖权需要在我国缴纳个人所得税，而该个人的收入来源所在国家，也可以根据来源地税收管辖权要求这部分所得在当地缴纳个人所得税，这里就可能存在双重征税的问题。

我们举例说明。

INDIVIDUAL INCOME TAX **案例 9-1**

2019 年度我国的居民个人张某被派到比利时工作，该年度其在比利时工作期间取得工资、薪金收入 200 万元。假设张某年度内无其他收入，也不考虑专项扣除、专项附加扣除、依法确定的其他扣除。张某作为我国的居民个人，其境内、境外所得均应在我国缴纳个人所得税，在比利时工作期间取得的200万元的工资、薪金收入应在我国计算缴纳个人所得税：（200–6）×45%–18.192=69.108（万元）。而比利时同等数量的工资、薪金最高边际税率为50%，假设张某的200万元工资、薪金收入在比利时应缴纳的个人所得税为80万元，这比我国的69.108万元还要高，那么张某的200万元收入需要在我国及比利时缴纳的个人所得税金额接近150万元。显然，不同的管辖权导致了对纳税人同一所得的重复征税问题。

从税收的合理性角度出发，为了避免我国居民个人的境外所得在境外和境内双重征税，在旧税制下，对境外所得，个人所得税政策是有相关的抵免规定的，具体文件有《国家税务总局关于境外所得征收个人所得税若干问题的通知》（国税发〔1994〕44号）、《国家税务总局关于印发〈境外所得个人所得税征收管理暂行办法〉的通知》（国税发〔1998〕126号）等。但由于个人所得税税制的调整，我国从旧的分类税制走向了综合与分类相结合的税制模式，这一变化使得旧税制下的境外所得的相关政策内容已无法适应新税制的需求，因此财政部、国家税务总局在《个人所得税法》及其实施条例相关规定的基础上，于2020年1月联合出台了《财政部 税务总局关于境外所得有关个人所得税政策的公告》（财政部 税务总局公告2020年第3号，以下简称3号公告）。

二、境外所得的划分规定

所得来源地的划分是一个基础性问题，这部分内容我们在第三章中已经进行了详细的讲解。这里我们看一下 3 号公告的具体规定。

3 号公告第一条规定，下列所得，为来源于中国境外的所得：

“（一）因任职、受雇、履约等在中国境外提供劳务取得的所得；

（二）中国境外企业以及其他组织支付且负担的稿酬所得；

（三）许可各种特许权在中国境外使用而取得的所得；

（四）在中国境外从事生产、经营活动而取得的与生产、经营活动相关的所得；

（五）从中国境外企业、其他组织以及非居民个人取得的利息、股息、红利所得；

（六）将财产出租给承租人在中国境外使用而取得的所得；

（七）转让中国境外的不动产、转让对中国境外企业以及其他组织投资形成的股票、股权以及其他权益性资产（以下称权益性资产）或者在中国境外转让其他财产取得的所得。但转让对中国境外企业以及其他组织投资形成的权益性资产，该权益性资产被转让前三年（连续 36 个公历月份）内的任一时间，被投资企业或其他组织的资产公允价值 50% 以上直接或间接来自位于中国境内的不动产的，取得的所得为来源于中国境内的所得；

（八）中国境外企业、其他组织以及非居民个人支付且负担的偶然所得；

（九）财政部、国家税务总局另有规定的，按照相关规定执行”。

三、境外所得的抵免规定

《个人所得税法》第七条规定，居民个人从中国境外取得的所得，可以从其应纳税额中抵免已在境外缴纳的个人所得税税额，但抵免额不得超过该纳税人境外所得依照该法规定计算的应纳税额。

《个人所得税法》规定了税收抵免的大原则，居民个人的境外所得部分，可以抵免已在境外缴纳的个人所得税税额，其抵免限额为该部分境外所得依照我国税法计算出的应纳税额。

我们继续举例说明

INDIVIDUAL INCOME TAX

案例 9–2

（承案例 9–1）张某 2019 年在比利时工作期间取得的 200 万元工资、薪金收入应在我国缴纳 69.108 万元个人所得税，因此，张某可以在其 69.108 万元的应纳税额中抵免其在比利时缴纳的个人所得税税额，抵免限额为 69.108 万元。

（一）抵免限额的计算

上例中，张某仅有从境外取得综合所得中的工资、薪金所得，没有其他所得收入。如果张某在境内、境外均有所得，且为不同的所得项目，应如何计算境外所得部分对应的应纳税额（抵免限额）？

《个人所得税法实施条例》第二十条规定，居民个人从中国境内和境外取得的综合所得、经营所得，应当分别合并计算应纳税额；从中国境内和境外取得的其他所得，应当分别单独计算应纳税额。笔者认为，该条款的主要目的不是明确税款如何计算，而是“计算税收抵免限额、进行税收抵免”。经营所得、综合所得适用的税率为超额累进税率，随着所得的提高，其适用税率也会提高；同时又涉及费用减除等问题，如每人每年减除 6 万元是一项生计费用，个人如果同时存在境内、境外所得，就只能减除一次“6 万元的生计费用”。基于上述两方面原因，综合所得、经营所得计算抵免限额时，需要对境内、境外所得进行合并计算，而分类所得则无此必要。因此，该条款对于综合所得、经营所得用了“分别合并”的表述，“分别”是指经营所得和综合所得要分别计算应纳税额，“合并”是指境内综合所得要与境外综合所得合并，境内经营所得要与境外经营所得合并；而对于其他所得项目用了“分别单独”的表述，这里的“分别”是指除综合所得和经营所得外的其他各项所得要分别计算应纳税额，“单独”是指其他各项所得的境外所得不需要与境内所得合并，单独计算应纳税额即可。

对于上述问题，3 号公告的表述更加清晰。3 号公告第二条规定，居民个人应当依照《个人所得税法》及其实施条例规定，按照以下方法计算当期境内和境外所得应纳税额：

（1）居民个人来源于中国境外的综合所得，应当与境内综合所得合并计算应纳税额。

（2）居民个人来源于中国境外的经营所得，应当与境内经营所得合并计算应纳税额。居民个人来源于境外的经营所得，按照《个人所得税法》及其实施条例的有关规定计算的亏损，不得抵减其境内或他国（地区）的应纳税所得额，但可以用来源于同一国家（地区）以后年度的经营所得按中国税法规定弥补。

（3）居民个人来源于中国境外的利息、股息、红利所得，财产租赁所得，财产转让所得和偶然所得，不与境内所得合并，应当分别单独计算应纳税额。

我们举例说明。

INDIVIDUAL INCOME TAX 案例 9–3

2019 年度某居民个人李先生有来源于我国境内和来源于境外 A 国的所得。当年其取得来源于境内的综合所得（工资、薪金）50 万元，来源于 A 国的综合所得（工资、薪金）20 万元；取得来源于境内的经营所得应纳税所得额 25 万元，来源于 A 国的经营所得按我国税法计算后的应纳税所得额为 –35 万元；取得来源于境内的利息股息红得所得 10 万元，来源于 A 国的利息股息红得所得 30 万元；取得来源于境内的财产租赁所得 5 万元，来源于 A 国的财产租赁所得 15 万元。详见表 9–1。

表 9–1 单位：万元

	综合所得（工资、薪金）	经营所得	利息股息红利所得	财产租赁所得
境内	50	25	10	5
境外（A 国）	20	–35	30	15

李先生来源于 A 国的综合所得 20 万元，应当与来源于境内的综合所得 50 万元合并计算应纳税额（抵免限额）。

李先生来源于 A 国的经营所得 –35 万元，由于来源于 A 国的经营所得是亏损，其不得抵减境内经营所得 25 万元的盈利，但可以按我国税法规定用该部分所得来源国 A 国以后年度的经营所得进行弥补。

李先生来源于 A 国的利息股息红利所得 30 万元，不与来源于境内的利息股息红利所得 10 万元合并计算应纳税额，应单独按我国税法规定计算其对应的应纳税额：30 × 20%=6（万元）。

李先生来源于 A 国的财产租赁所得 15 万元，不与来源于境内的财产租赁所得 5 万元合并计算应纳税额，也不与利息股息红利所得等其他所得项目合并，应单独按我国税法规定计算其对应的应纳税额：15 × 80% × 20%=2.4（万元）。

通过上面的案例可以了解境外所得对应的应纳税额的计算，接下来我们看一下境外所得应纳税额和抵免限额之间的关系。

《个人所得税法实施条例》对抵免限额的计算规则做出了规定。根据该条例第二十一条的规定，《个人所得税法》第七条所称“纳税人境外所得依照本法规定计算的应纳税额”，是居民个人抵免已在境外缴纳的综合所得、经营所得以及其他所得的所得税税额的限额（以下简称抵免限额）。除国务院财政、税务主管部门另有规定外，来源于中国境外一个国家（地区）的综合所得抵免限额、经营所得抵免限额以及其他所得抵免限额之和，为来源于该国家（地区）所得的抵免限额。

根据上述规定，纳税人的境外所得按我国税法规定计算出的应纳税额，应为其所得项目所对应的抵免限额。对于利息股息红利所得等其他分类所得项目，其每一项境外所得直接按我国税法计算应纳税额即可。而对于综合所得和经营所得，在计算应纳税额时，需要分别与对应的境内所得进行合并后计算出应纳税额，也就是说，该应纳税额对应的所得不仅包含境外所得，也包含境内所得。因此，我们要通过境外所得和境内所得计算出的总的应纳税额进一步计算出境外所得所应的应纳税额，也就是其抵免限额。读者可能会有疑问，为什么来源于境外的综合所得和经营所得需要与境内对应的所得项目合并计算应纳税额，而来源于境外的其他分类所得不需要与境内所得项目合并，单独计算应纳税额即可？这是因为综合所得和经营所得适用累进税率，而其他分类所得适用比例税率。

计算出各项所得项目对应的抵免限额后，再将来源于境外一个国家（地区）的各项所得对应的抵免限额进行加总，即为来源于该国家（地区）所得的抵免限额。

对于这一问题，3 号公告第三条做出了更加具体的规定：居民个人在一个纳税年度内来源于中国境外的所得，依照所得来源国家（地区）税收法律规定在中国境外已缴纳的所得税税额允许在抵免限额内从其该纳税年度应纳税额中抵免。

居民个人来源于一国（地区）的综合所得、经营所得以及其他分类所得项目的应纳税额为其抵免限额，按照下列公式计算：

来源于一国（地区）综合所得的抵免限额 = 中国境内和境外综合所得依照该公告第二条规定计算的综合所得应纳税额 × 来源于该国（地区）的综合所得收入额 ÷ 中国境内和境外综合所得收入额合计

来源于一国（地区）经营所得的抵免限额 = 中国境内和境外经营所得依照该公告第二条规定计算的经营所得应纳税额 × 来源于该国（地区）的经营所得应纳税所得额 ÷ 中国境内和境外经营所得应纳税所得额合计

来源于一国（地区）其他分类所得的抵免限额 = 该国（地区）的其他分类所得依照该公告第二条规定计算的应纳税额

来源于一国（地区）所得的抵免限额 = 来源于该国（地区）综合所得抵免限额 + 来源于该国（地区）经营所得抵免限额 + 来源于该国（地区）其他分类所得抵免限额

我们继续举例说明。

INDIVIDUAL INCOME TAX 案例 9–4

（承案例 9–3）1. 李先生来源于 A 国的综合所得（工资、薪金）20 万元，与来源于境内的综合所得（工资、薪金）50 万元合并计算出应纳税额（不考虑专项扣除、专项附加扣除以及依法确定的其他扣除）为：（20+50–6）×30%–5.292=13.908（万元）。

李先生来源于 A 国综合所得的抵免限额 = 中国境内和境外综合所得合并计算的应纳税额 × 来源于 A 国的综合所得收入额 / 境内、境外综合所得收入额合计 =13.908×20/70=3.973 7（万元）。

需要注意的是，上述公式中使用的是“收入额”而不是“收入”。对于综合所得中的工资、薪金所得而言，收入额 = 收入；对于劳务报酬所得、稿酬所得、特许权使用费所得而言，则以收入减除 20% 的费用后的余额为收入额，其中稿酬所得的收入额按 70% 计算。也就是说，劳务报酬所得、特许权使用费所得收入额 = 收入 –20% 的费用，稿酬所得收入额 =（收入 –20% 的费用）×70%。

2. 李先生来源于 A 国的经营所得应先与来源于境内的经营所得合并计算出应纳税额，再根据公式计算出来源于 A 国经营所得的抵免限额，但由于 A 国的经营所得根据我国税法规定计算出的应纳税所得额是亏损，因此其抵免限额应为 0。需要注意的是，经营所得抵免限额的计算公式中是对“应纳税所得额”的占比进行划分，这与综合所得抵免限额的计算公式中的“收入额”是有区别的。

3. 李先生来源于A国的利息股息红得所得30万元，单独按我国税法规定计算的应纳税额为6万元，因此李先生来源于A国利息股息红得所得的抵免限额为6万元。同理，李先生来源于A国的财产租赁所得15万元，单独按我国税法规定计算的应纳税额为2.4万元，因此李先生来源于A国财产租赁所得的抵免限额为2.4万元。

4. 李先生来源于A国的抵免限额=来源于A国综合所得抵免限额+来源于A国经营所得抵免限额+来源于A国其他分类所得抵免限额=3.973 7+0+6+2.4=12.373 7（万元）。

李先生2019年度的所得及抵免限额情况如表9-2所示。

表9-2

单位：万元

	综合所得（工资、薪金）	经营所得	分类所得	
			利息股息红利所得	财产租赁所得
境内	50	25	10	5
境外（A国）	20	–35	30	15
抵免限额	3.973 7	0	6	2.4

由此可见，抵免限额的计算应当分三步走：第一步，计算应纳税额。计算应纳税额时需要注意，来源于境外的综合所得、经营所得需要与其对应的境内所得合并，而来源于境外的利息股息红利等其他分类所得不需要与境内对应所得项目合并。第二步，根据应纳税额计算出来

源于境外一国（地区）该项所得的抵免限额。也就是说，抵免限额是“分国分项”计算的。第三步，计算出来源于一国（地区）所得的抵免限额。这里，需要将在第二步中计算出来的，来源于一国（地区）的各项所得项目的抵免限额进行加总，即在执行抵免时体现了“分国不分项”的原则。

（二）不予抵免与税收饶让

《个人所得税法实施条例》第二十一条规定，《个人所得税法》第七条所称已在境外缴纳的个人所得税税额，是指居民个人来源于中国境外的所得，依照该所得来源国家（地区）的法律应当缴纳并且实际已经缴纳的所得税税额。

3 号公告第四条进一步明确，可抵免的境外所得税税额，是指居民个人取得境外所得，依照该所得来源国（地区）税收法律应当缴纳且实际已经缴纳的所得税性质的税额。可抵免的境外所得税额不包括以下情形：

（1）按照境外所得税法律属于错缴或错征的境外所得税税额；

（2）按照我国政府签订的避免双重征税协定以及内地与香港、澳门签订的避免双重征税安排（以下统称税收协定）规定不应征收的境外所得税税额；

（3）因少缴或迟缴境外所得税而追加的利息、滞纳金或罚款；

（4）境外所得税纳税人或者其利害关系人从境外征税主体得到实际

返还或补偿的境外所得税税款；

（5）按照《个人所得税法》及其实施条例规定，已经免税的境外所得负担的境外所得税税款。

由上述规定可知，可抵免的境外所得税税额是指居民个人在境外应当缴纳并且实际已经缴纳的所得税性质的税额。如果是应当缴纳但居民个人没有实际缴纳，或者不应当缴纳但居民个人多缴的税款，是不可以抵免的。该条款的规定比较容易理解，这里我们特别需要关注第（5）种情形，也就是说，按照我国税法规定已经免税的境外所得负担的境外所得税税款，是不可以抵免的。

我们举例说明。

INDIVIDUAL INCOME TAX **案例 9-5**

我国的居民个人林先生 2019 年度由所在公司外派到 X 国工作，其当年度在 X 国取得的保险赔款 8 万元，并在 X 国缴纳了个人所得税 0.8 万元。根据《个人所得税法》第四条规定，保险赔款是免征个人所得税的。因此林先生该笔所得在 A 国缴纳的 0.8 万元个人所得税，是不可以在我国进行抵免的。

对于这一问题，3 号公告第五条明确：居民个人从与我国签订税收协定的国家（地区）取得的所得，按照该国（地区）税收法律享受免税或减税待遇，且该免税或减税的数额按照税收协定饶让条款规定应视同已缴税额在中国的应纳税额中抵免的，该免税或减税数额可作为居民个人实际缴纳的境外所得税税额按规定申报税收抵免。

税收饶让是指纳税人在与中国缔结避免双重征税协定的国家（地区），按照所在国家（地区）的税法规定获得的减免税款，按照税收协定视同已缴税款在我国的应纳税额中准予抵免。税收饶让的本质是将个人境外所得因享受减免税待遇而未实际缴纳的税款视同已实际缴纳税款，所以税收饶让亦称“虚拟抵免”或“饶让抵免”。也就是说，我国对居民个人在境外得到减免税优惠部分，视同已经缴纳，不再按我国税法的规定予以补征。

我们举例说明。

INDIVIDUAL INCOME TAX 案例 9-6

2019 年度，我国的居民个人李七七在境外 X 国取得利息股息红利所得 80 万元，应在 X 国缴纳个人所得税 12 万元，但根据 X 国的税法规定可以享受应纳税额 50% 的减免，因此，其在 X 国实际缴纳个人所得税 6 万元。

李七七该笔 80 万元的利息股息红利所得根据我国税法计算出的应纳税额为 80×20%=16（万元），其抵免限额等于应纳税额 16 万元，在进行抵免时，李七七在 X 国减免的 6 万元按照税收协定饶让条款规定应视同已缴税额，因此，其可以抵免的税款金额为：6+6=12（万元）。

（三）补税与结转补扣

3 号公告第六条对境外所得的补税与结转情形做出了具体规定。居民个人一个纳税年度内来源于一国（地区）的所得实际已经缴纳的所得税税额，低于依照该公告第三条规定计算出的来源于该国（地区）该纳税年度所得的抵免限额的，应以实际缴纳税额作为抵免额进行抵免；超过来源于该国（地区）该纳税年度所得的抵免限额的，应在限额内进行抵免，超过部分可以在以后五个纳税年度内结转抵免。

这一规定与《个人所得税法实施条例》规定的原则保持一致。该条例第二十一条规定，居民个人在中国境外一个国家（地区）实际已经缴纳的个人所得税税额，低于依照前款规定计算出的来源于该国家（地区）所得的抵免限额的，应当在中国缴纳差额部分的税款；超过来源于该国家（地区）所得的抵免限额的，其超过部分不得在本纳税年度的应纳税额中抵免，但是可以在以后纳税年度来源于该国家（地区）所得的抵免限额的余额中补扣。补扣期限最长不得超过五年。

我们继续举例说明。

INDIVIDUAL INCOME TAX **案例 9–7**

（承案例 9–4）我们已经计算出 2019 年度李先生来源于 A 国的抵免限额为 12.373 7 万元，如果本年度李先生在 A 国实际已经缴纳的个人所得税税额为 10 万元，低于其抵免限额，则李先生应在我国补缴 2019 年度的差额税款 2.373 7 万元；如果李先生 2019 年度在 A 国实际已经缴纳的个人所得税税额为 14.373 7 万元，高于其抵免限额，则李先生不用在我国补缴 2019 年度的税款，且在境外超额缴纳的 2 万元，可以在以后纳税年度来源于 A 国所得的抵免限额的余额中补扣。也就是说，如果 2020 年度李先生来源于 A 国的所得经计算后需要在我国补缴个人所得税 1.2 万元，那么李先生不需要真的补税，可以用 2019 年的余额 2 万元进行补扣，余下的 0.8 万元可以继续在以后年度补扣。但补扣年度最长不得超过 5 年，即最长可至 2024 年。

四、相关征管规定

（一）申报时间

3 号公告第七条规定，居民个人从中国境外取得所得的，应当在取得所得的次年 3 月 1 日至 6 月 30 日内申报纳税。该规定与《个人所得税法》的规定保持一致。

（二）申报地点

根据 3 号公告第八条的规定，居民个人取得境外所得，应当向中国境内任职、受雇单位所在地主管税务机关办理纳税申报；在中国境内没有任职、受雇单位的，向户籍所在地或中国境内经常居住地主管税务机关办理纳税申报；户籍所在地与中国境内经常居住地不一致的，选择其中一地主管税务机关办理纳税申报；在中国境内没有户籍的，向中国境内经常居住地主管税务机关办理纳税申报。

以上规定与《国家税务总局关于个人所得税自行纳税申报有关问题的公告》（国家税务总局公告2018年第62号）第四条关于取得境外所得的纳税申报的规定保持一致。

（三）申报年度

根据3号公告第九条的规定，居民个人取得境外所得的境外纳税年度与公历年度不一致的，取得境外所得的境外纳税年度最后一日所在的公历年度，为境外所得对应的我国纳税年度。

我国的纳税年度为公历年度，即每年的1月1日至12月31日为一个纳税年度，而境外部分国家的纳税年度并不是公历年度。比如澳大利亚的纳税年度为每年的7月1日至次年的6月30日。假设我国居民个人六六2019年7月1日至2020年6月30日期间取得来源于澳大利亚的工资、薪金所得40万元，由于该境外纳税年度的结束日期是2020年6月30日，其所对应的我国的纳税年度为2020年度，因此六六应该在2021年3月1日至6月30日对上述所得与境内综合所得合并计算应纳税款后，就境外已纳税款部分在我国申报抵免。

（四）抵免凭证

《个人所得税法实施条例》第二十二条规定，居民个人申请抵免已在境外缴纳的个人所得税税额，应当提供境外税务机关出具的税款所属年度的有关纳税凭证。

3号公告第十条对纳税凭证做出了进一步明确：居民个人申报境外所得税收抵免时，除另有规定外，应当提供境外征税主体出具的税款所属年度的完税证明、税收缴款书或者纳税记录等纳税凭证，未提供符合要求的纳税凭证，不予抵免。

居民个人已申报境外所得、未进行税收抵免，在以后纳税年度取得纳税凭证并申报境外所得税收抵免的，可以追溯至该境外所得所属纳税年度进行抵免，但追溯年度不得超过五年。自取得该项境外所得的五个年度内，境外征税主体出具的税款所属纳税年度纳税凭证载明的实际缴纳税额发生变化的，按实际缴纳税额重新计算并办理补退税，不加收税收滞纳金，不退还利息。

纳税人确实无法提供纳税凭证的，可同时凭境外所得纳税申报表（或者境外征税主体确认的缴税通知书）以及对应的银行缴款凭证办理境外所得抵免事宜。也就是说，纳税申报表、缴税通知书等视同为完税证明。

由此我们可以看出，居民个人申报境外所得税收抵免时，应当提供境外征税主体出具的纳税凭证，未提供符合要求的纳税凭证的，不能抵免。纳税凭证包括境外税务机关出具的完税证明、税收缴款书。如果因为境外国家的税收管理制度等方面的差异，我国居民个人在申报期内没有及时取得相关纳税凭证，在没有对境外所得进行税收抵免的情况下，就其取得的境外所得在我国进行了申报纳税，那么，待该居民个人在以后纳税年度内取得相关纳税凭证后，是可以追溯至该境外所得所属纳税年度申请税收抵免的，但追溯年度不得超过五年。

（五）"走出去"个人

3号公告第十一条规定，居民个人被境内企业、单位、其他组织（以下称派出单位）派往境外工作，取得的工资、薪金所得或者劳务报酬所得，由派出单位或者其他境内单位支付或负担的，派出单位或者其他境内单位应按照《个人所得税法》及其实施条例规定预扣预缴税款。

居民个人被派出单位派往境外工作，取得的工资、薪金所得或者劳务报酬所得，由境外单位支付或负担的，如果境外单位为境外任职、受雇的中方机构（以下称中方机构），可以由境外任职、受雇的中方机构预扣税款，并委托派出单位向主管税务机关申报纳税。中方机构未预扣税款或者境外单位不是中方机构的，派出单位应当于次年2月28日前向其主管税务机关报送外派人员情况，包括：外派人员的姓名、身份证件类型及身份证件号码、职务、派往国家和地区、境外工作单位名称和地址、派遣期限、境内外收入及缴税情况等。

中方机构包括中国境内企业、事业单位、其他经济组织以及国家机关所属的境外分支机构、子公司、使（领）馆、代表处等。

由以上规定可知，在居民个人被境内企业、单位、其他组织派往境外工作的情形下，境内单位有以下两项义务：一是申报纳税的义务。如果被派出的居民个人取得的工资、薪金所得或者劳务报酬所得是由境内支付或者负担的，境内企业需要预扣预缴税款；如果其取得的相关所得是由境外中方机构支付或负担的，可以由境外中方机构预扣税款后，委托派出单位申报纳税。二是报送相关情况的义务。如果居民个人的相关所得是由境外非中方机构支付负担的，或者虽由中方机构支付负担，但中方机构没有预扣税款，派出单位应当于次年2月28日前向其主管税务机关报送外派人员情况。

（六）外币折算

3号公告第十二条规定，居民个人取得来源于境外的所得或者实际已经在境外缴纳的所得税税额为人民币以外货币的，应当按照《个人所得税法实施条例》第三十二条规定折合计算。

《个人所得税法实施条例》第三十二条规定，所得为人民币以外货币的，按照办理纳税申报或者扣缴申报的上一月最后一日人民币汇率中间价，折合成人民币计算应纳税所得额。年度终了后办理汇算清缴的，对已经按月、按季或者按次预缴税款的人民币以外货币所得，不再重新折算；对应当补缴税款的所得部分，按照上一纳税年度最后一日人民币汇率中间价，折合成人民币计算应纳税所得额。

（七）法律责任

3号公告第十三条规定，纳税人和扣缴义务人未按该公告规定申报缴纳、扣缴境外所得个人所得税以及报送资料的，按照《中华人民共和国税收征收管理法》和《个人所得税法》及其实施条例等有关规定处理，并按规定纳入个人纳税信用管理。

我们可以通过下面的例子对境外所得抵免规则加深理解。

INDIVIDUAL INCOME TAX 案例 9-8

情形 1：深圳居民张三取得来源于中国境内的工资、薪金收入 30 万元，取得来源于中国境外 A 国的工资、薪金收入 20 万元，无其他综合所得，需要合并计算境内境外的综合所得，可以扣除年度费用 6 万元，可以扣除的专项扣除、专项附加扣除以及依法确定的其他扣除共计 14 万元。张三国内工资、薪金所得部分预扣预缴税款的金额为 2.1 万元，其在 A 国境外缴纳的个人所得税是 3 万元。

张三全部综合所得的应纳税所得额 =（30+20−6−14）=30（万元）

按照中国税法计算的全部税额 =300 000 × 20%−16 920=43 080（元）

可以抵免的境外税款的抵免限额 = 按照中国税法计算的全部税额 ×（境外收入 / 境外收入与境内收入之和）=43 080 × 20/50=17 232（元），实际缴纳境外税款 3 万元，高于抵免限额，其差额可以在以后纳税年度的 A 国抵免限额的余额中补扣。

需要注意的是，张三的境内所得30万元也需要补缴个人所得税：43 080×（30/50）–21 000=4 848（元）。

情形2：张三当年取得来源于中国境外A国的股息红利收入10万元，但依据A国国内法被扣除了10%的预提所得税1万元，张三净得税后红利9万元。这部分境外红利单独计算境外所得，其单独的抵免限额是10×20%=2（万元），单就股息红利来说，其在境外缴纳的股息红利个税1万元可以全额抵免，实际上在境内需补税1万元。

将上述两种情形合并在一起综合分析，张三来源于A国的综合所得抵免限额、经营所得抵免限额以及其他所得抵免限额之和，为来源于A国所得的抵免限额。

如前所计算，其综合所得抵免限额=43 080×（20/50）=17 232（元），利息股息红利所得抵免限额=100 000×20%=20 000（元）。

其A国抵免限额之和=综合所得抵免限额+利息股息红利所得抵免限额=17 232+20 000=37 232（元）。

由于其综合所得在境外实缴税款30 000元，股息红利所得在境外实缴税款10 000元，均取得境外完税凭证，其实缴税款合计40 000元，超过了抵免限额，因此当年可抵免37 232元，未抵免的2 768元可以在以后五个纳税年度内进行抵免。

（八）境外所得申报

最后，我们通过一个案例来讲解境外所得申报。

INDIVIDUAL
INCOME TAX 案例 9–9

付先生是我国居民个人，任职于北京中建X局有限公司，2019年度其被派往英国和法国为当地工程承担设计工作。该纳税年度，其境内综合所得收入180 000元（其中工资、薪金收入80 000元，劳务报酬收入30 000元，特许权使用费收入70 000元），该部分综合所得境内已纳税额8 020元。付先生当年符合税前扣除标准的“三险一金”50 600元（其中基本养老保险16 000元，基本医疗保险4 000元，失业保险600元，住房公积金30 000元），专项附加扣除24 000元（其中子女教育12 000元，住房贷款利息12 000元），依法确定的其他扣除2 400元（商业健康险）。

其境外收入如下：

（1）在英国取得综合所得70 000元（其中劳务报酬所得20 000元，稿酬所得50 000元），在英国缴纳个人所得税7 080元；利息股息红利所得60 000元，在英国缴纳个人所得税4 000元，另有税收饶让减免税额2 000元。

（2）在法国取得综合所得130 000元（其中工资、薪金所得90 000元，特许权使用费所得40 000元），在法国缴纳个人所得税8 350元。

根据以上资料，计算付先生2019年汇算清缴应补退税金额。

解析：

1. 首先分项计算应纳税额

付先生全球综合所得收入额=180 000+70 000+130 000–（30 000+

70 000+20 000+50 000+40 000）×20%−50 000×80%×30%=326 000（元）;

全球综合所得应纳税额 =（326 000−60 000−50 600−24 000−2 400）×税率 – 速算扣除数 =189 000×20%−16 920=20 880（元）;

付先生来源于英国的利息股息红利所得应纳税额 =60 000×20%=12 000（元）。

2. 然后分国计算抵免限额

英国综合所得的抵免限额 =20 880×（20 000×80%+50 000×80%×70%）/326 000=20 880×13.50%=2819（元）。

英国利息股息红利所得的抵免限额 =12 000 元。

来源于英国所得的抵免限额 =2 819+12 000=14 819（元）。

法国综合所得抵免限额 =20 880×（90 000+40 000×80%）/326 000=20 880×37.42%=7 813（元）。

来源于法国所得的抵免限额 =7 813 元。

3. 最后进行抵免和补税

付先生在英国综合所得缴纳个人所得税 7 080 元，利息股息红利所得缴纳个人所得税 4 000 元，税收饶让的减免税额 2 000 元在进行抵免时可视为已缴纳税款，因此可抵免的在英国的已纳税额为 13 080 元。该金额小于来源于英国所得的抵免限额 14 819 元，因此可以全部抵免。

付先生在法国缴纳个人所得税 8 350 元，该金额大于来源于法国所得的抵免限额 7 813 元，因此可以抵免 7 813 元。

付先生全球综合所得个人所得税应纳税额 20 880 元，利息股息红利所得个人所得税应纳税额 12 000 元，其汇算清缴应补税款为：20 880+12 000–8 020–13 080–7 813=3 967（元）。

根据《国家税务总局关于修订部分个人所得税申报表的公告》（国家税务总局公告 2019 年第 46 号）的规定，应进行如下填报（见表 9–3、表 9–4）。

表 9–3　个人所得税年度自行纳税申报表（B 表）

（居民个人取得境外所得适用）

税款所属期：2019 年 1 月 1 日至 2019 年 12 月 31 日

纳税人姓名：李 ××

纳税人识别号：110201××××××××××××－□□

金额单位：人民币元（列至角分）

基本情况					
手机号码	13912345678	电子邮箱	1234567@qq.com	邮政编码	110110
联系地址	北京 省（区、市）北京 市 丰台 区（县）西四环南路 街道（乡、镇）001 号				
纳税地点（单选）					
1. 有任职受雇单位的，需选本项并填写“任职受雇单位信息”：			☑ 任职受雇单位所在地		
任职受雇单位信息	名称	北京中建 × 局有限公司			
	纳税人识别号	110103634303054			
2. 没有任职受雇单位的，可以从本栏次选择一地：			□ 户籍所在地　□ 经常居住地		
户籍所在地 / 经常居住地	______省（区、市）______市______区（县）______街道（乡、镇）______				
申报类型（单选）					
☑ 首次申报			□ 更正申报		
综合所得个人所得税计算					
项目				行次	金额
一、境内收入合计（第 1 行 = 第 2 行 + 第 3 行 + 第 4 行 + 第 5 行）				1	180 000
（一）工资、薪金				2	80 000

（二）劳务报酬	3	30 000
（三）稿酬	4	
（四）特许权使用费	5	70 000
二、境外收入合计（附报《境外所得个人所得税抵免明细表》）（第6行＝第7行＋第8行＋第9行＋第10行）	6	200 000
（一）工资、薪金	7	90 000
（二）劳务报酬	8	20 000
（三）稿酬	9	50 000
（四）特许权使用费	10	40 000
三、费用合计［第11行＝（第3行＋第4行＋第5行＋第8行＋第9行＋第10行）×20%］	11	42 000
四、免税收入合计（第12行＝第13行＋第14行）	12	12 000
（一）稿酬所得免税部分［第13行＝（第4行＋第9行）×（1–20%）×30%］	13	12 000
（二）其他免税收入（附报《个人所得税减免税事项报告表》）	14	
五、减除费用	15	60 000
六、专项扣除合计（第16行＝第17行＋第18行＋第19行＋第20行）	16	50 600
（一）基本养老保险费	17	16 000
（二）基本医疗保险费	18	4 000
（三）失业保险费	19	600
（四）住房公积金	20	30 000
七、专项附加扣除合计（附报《个人所得税专项附加扣除信息表》）（第21行＝第22行＋第23行＋第24行＋第25行＋第26行＋第27行）	21	24 000
（一）子女教育	22	12 000
（二）继续教育	23	
（三）大病医疗	24	
（四）住房贷款利息	25	12 000
（五）住房租金	26	
（六）赡养老人	27	
八、其他扣除合计（第28行＝第29行＋第30行＋第31行＋第32行＋第33行）	28	2 400

（一）年金	29	
（二）商业健康保险（附报《商业健康保险税前扣除情况明细表》）	30	2 400
（三）税延养老保险（附报《个人税收递延型商业养老保险税前扣除情况明细表》）	31	
（四）允许扣除的税费	32	
（五）其他	33	
九、准予扣除的捐赠额（附报《个人所得税公益慈善事业捐赠扣除明细表》）	34	
十、应纳税所得额 （第 35 行 = 第 1 行 + 第 6 行 – 第 11 行 – 第 12 行 – 第 15 行 – 第 16 行 – 第 21 行 – 第 28 行 – 第 34 行）	35	189 000
十一、税率（%）	36	20
十二、速算扣除数	37	16 920
十三、应纳税额（第 38 行 = 第 35 行 × 第 36 行 – 第 37 行）	38	20 880

除综合所得外其他境外所得个人所得税计算 （无相应所得不填本部分，有相应所得另需附报《境外所得个人所得税抵免明细表》）			
一、经营所得	（一）经营所得应纳税所得额（第 39 行 = 第 40 行 + 第 41 行）	39	
	其中：境内经营所得应纳税所得额	40	
	境外经营所得应纳税所得额	41	
	（二）税率（%）	42	
	（三）速算扣除数	43	
	（四）应纳税额（第 44 行 = 第 39 行 × 第 42 行 – 第 43 行）	44	
二、利息、股息、红利所得	（一）境外利息、股息、红利所得应纳税所得额	45	60 000
	（二）税率（%）	46	20
	（三）应纳税额（第 47 行 = 第 45 行 × 第 46 行）	47	12 000
三、财产租赁所得	（一）境外财产租赁所得应纳税所得额	48	
	（二）税率（%）	49	
	（三）应纳税额（第 50 行 = 第 48 行 × 第 49 行）	50	
四、财产转让所得	（一）境外财产转让所得应纳税所得额	51	
	（二）税率（%）	52	
	（三）应纳税额（第 53 行 = 第 51 行 × 第 52 行）	53	

五、偶然所得	（一）境外偶然所得应纳税所得额	54	
	（二）税率（%）	55	
	（三）应纳税额（第 56 行 = 第 54 行 × 第 55 行）	56	
六、其他所得	（一）其他境内、境外所得应纳税所得额合计（需在“备注”栏说明具体项目）	57	
	（二）应纳税额	58	
股权激励个人所得税计算 （无境外股权激励所得不填本部分，有相应所得另需附报《境外所得个人所得税抵免明细表》）			
一、境内、境外单独计税的股权激励收入合计		59	
二、税率（%）		60	
三、速算扣除数		61	
四、应纳税额（第 62 行 = 第 59 行 × 第 60 行 – 第 61 行）		62	
全年一次性奖金个人所得税计算 （无住所个人预判为非居民个人取得的数月奖金，选择按全年一次性奖金计税的填写本部分）			
一、全年一次性奖金收入		63	
二、准予扣除的捐赠额（附报《个人所得税公益慈善事业捐赠扣除明细表》）		64	
三、税率（%）		65	
四、速算扣除数		66	
五、应纳税额［第 67 行 =（第 63 行 – 第 64 行）× 第 65 行 – 第 66 行］		67	
税额调整			
一、综合所得收入调整额（需在“备注”栏说明调整具体原因、计算方法等）		68	
二、应纳税额调整额		69	
应补 / 退个人所得税计算			
一、应纳税额合计 （第 70 行 = 第 38 行 + 第 44 行 + 第 47 行 + 第 50 行 + 第 53 行 + 第 56 行 + 第 58 行 + 第 62 行 + 第 67 行 + 第 69 行）		70	32 880
二、减免税额（附报《个人所得税减免税事项报告表》）		71	
三、已缴税额（境内）		72	8 020
其中：境外所得境内支付部分已缴税额		73	0

<table>
<tr><td colspan="4">境外所得境外支付部分预缴税额</td><td>74</td><td>0</td></tr>
<tr><td colspan="4">四、境外所得已纳所得税抵免额（附报《境外所得个人所得税抵免明细表》）</td><td>75</td><td>20 893</td></tr>
<tr><td colspan="4">五、应补/退税额（第76行=第70行－第71行－第72行－第75行）</td><td>76</td><td>3 967</td></tr>
<tr><td colspan="6">无住所个人附报信息</td></tr>
<tr><td>纳税年度内在中国境内居住天数</td><td colspan="2"></td><td>已在中国境内居住年数</td><td colspan="2"></td></tr>
<tr><td colspan="6">退税申请
（应补/退税额小于0的填写本部分）</td></tr>
<tr><td colspan="6">□ 申请退税（需填写“开户银行名称”“开户银行省份”“银行账号”）
□ 放弃退税</td></tr>
<tr><td>开户银行名称</td><td colspan="2"></td><td>开户银行省份</td><td colspan="2"></td></tr>
<tr><td>银行账号</td><td colspan="5"></td></tr>
<tr><td colspan="6">备注</td></tr>
<tr><td colspan="6"></td></tr>
</table>

<table>
<tr><td colspan="2">谨声明：本表是根据国家税收法律法规及相关规定填报的，本人对填报内容（附带资料）的真实性、可靠性、完整性负责。

纳税人签字：　　　　年　月　日</td></tr>
<tr><td>经办人签字：
经办人身份证件类型：
经办人身份证件号码：
代理机构签章：
代理机构统一社会信用代码：</td><td>受理人：

受理税务机关（章）：

受理日期：　　年　月　日</td></tr>
</table>

国家税务总局监制

填表说明：

一、适用范围

本表适用于居民个人纳税年度内取得境外所得，按照税法规定办理取得境外所得个人所得税自行申报。申报本表时应当一并附报《境外所得个人所得税抵免明细表》。

二、报送期限

居民个人取得境外所得需要办理自行申报的，应当在取得所得的次年3月1日至6月30日内，向主管税务机关办理纳税申报，并报送本表。

三、本表各栏填写

（一）表头项目

1. 税款所属期：填写居民个人取得所得当年的第1日至最后1日。如：2019年1月1日至2019年12月31日。

2. 纳税人姓名：填写居民个人姓名。

3. 纳税人识别号：有中国公民身份号码的，填写中华人民共和国居民身份证上载明的“公民身份号码”；没有中国公民身份号码的，填写税务机关赋予的纳税人识别号。

（二）基本情况

1. 手机号码：填写居民个人中国境内的有效手机号码。

2. 电子邮箱：填写居民个人有效电子邮箱地址。

3. 联系地址：填写居民个人能够接收信件的有效地址。

4. 邮政编码：填写居民个人“联系地址”所对应的邮政编码。

（三）纳税地点

居民个人根据任职受雇情况，在选项1和选项2之间选择其一，并填写相应信息。若居民个人逾期办理汇算清缴申报被指定主管税务机关的，无需填写本部分。

1. 任职受雇单位信息：勾选“任职受雇单位所在地”并填写相关信息。

（1）名称：填写任职受雇单位的法定名称全称。

（2）纳税人识别号：填写任职受雇单位的纳税人识别号或者统一社会信用代码。

2. 户籍所在地 / 经常居住地：勾选“户籍所在地”的，填写居民户口簿中登记的住址。勾选“经常居住地”的，填写居民个人申领居住证上登载的居住地址；没有申领居住证的，填写居民个人实际居住地；实际居住地不在中国境内的，填写支付或者实际负担综合所得的境内单位或个人所在地。

（四）申报类型

未曾办理过年度汇算申报，勾选“首次申报”；已办理过年度汇算申报，但有误需要更正的，勾选“更正申报”。

（五）综合所得个人所得税计算

1. 第 1 行“境内收入合计”：填写居民个人取得的境内综合所得收入合计金额。

第 1 行 = 第 2 行 + 第 3 行 + 第 4 行 + 第 5 行。

2. 第 2 ~ 5 行“工资、薪金”“劳务报酬”“稿酬”“特许权使用费”：填写居民个人取得的需要并入境内综合所得计税的“工资、薪金”“劳务报酬”“稿酬”“特许权使用费”所得收入金额。

3. 第 6 行“境外收入合计”：填写居民个人取得的境外综合所得收入合计金额，并按规定附报《境外所得个人所得税抵免明细表》。

第 6 行 = 第 7 行 + 第 8 行 + 第 9 行 + 第 10 行。

4. 第 7 ~ 10 行“工资、薪金”“劳务报酬”“稿酬”“特许权使用费”：填写居民个人取得的需要并入境外综合所得计税的“工资、薪金”“劳务报酬”“稿酬”“特许权使用费”所得收入金额。

5. 第 11 行“费用合计”：根据相关行次计算填报。

第 11 行 =（第 3 行 + 第 4 行 + 第 5 行 + 第 8 行 + 第 9 行 + 第 10 行）×20%

6. 第 12 行“免税收入合计”：填写居民个人取得的符合税法规定的免税收入合计金额。

第 12 行 = 第 13 行 + 第 14 行。

7. 第 13 行“稿酬所得免税部分”：根据相关行次计算填报。

第 13 行 =（第 4 行 + 第 9 行）×（1−20%）×30%。

8. 第 14 行“其他免税收入”：填写居民个人取得的除第 13 行以外的符合税法规定的免税收入合计，并按规定附报《个人所得税减免税事项报告表》。

9. 第 15 行“减除费用”：填写税法规定的减除费用。

10. 第 16 行“专项扣除合计”：根据相关行次计算填报。

第 16 行 = 第 17 行 + 第 18 行 + 第 19 行 + 第 20 行。

11. 第 17 ~ 20 行“基本养老保险费”“基本医疗保险费”“失业保险费”“住房公积金”：填写居民个人按规定可以在税前扣除的基本养老保险费、基本医疗保险费、失业保险费、住房公积金金额。

12. 第 21 行“专项附加扣除合计”：根据相关行次计算填报，并按规定附报《个人所得税专项附加扣除信息表》。

第 21 行 = 第 22 行 + 第 23 行 + 第 24 行 + 第 25 行 + 第 26 行 + 第 27 行。

13. 第 22 ~ 27 行“子女教育”“继续教育”“大病医疗”“住房贷款利息”“住房租金”“赡养老人”：填写居民个人按规定可以在税前扣除的子女教育、继续教育、大病医疗、住房贷款利息、住房租金、赡养老人等专项附加扣除的金额。

14. 第 28 行“其他扣除合计”：根据相关行次计算填报。

第 28 行 = 第 29 行 + 第 30 行 + 第 31 行 + 第 32 行 + 第 33 行。

15. 第 29 ~ 33 行“年金”“商业健康保险”“税延养老保险”“允许扣除的税费”“其他”：填写居民个人按规定可在税前扣除的年金、商业健康保险、税延养老保险、允许扣除的税费和其他扣除项目的金额。其中，填写商业健康保险的，应当按规定附报《商业健康保险税前扣除情况明细表》；填写税延养老保险的，应当按规定附报《个人税收递延型商业养老保险税前扣除情况明细表》。

16. 第 34 行“准予扣除的捐赠额”：填写居民个人按规定准予在税前扣除的公益慈善事业捐赠金额，并按规定附报《个人所得税公益慈善事业捐赠扣除明细表》。

17. 第 35 行“应纳税所得额”：根据相应行次计算填报。

第 35 行 = 第 1 行 + 第 6 行 – 第 11 行 – 第 12 行 – 第 15 行 – 第 16 行 – 第 21 行 – 第 28 行 – 第 34 行。

18. 第 36、37 行“税率”“速算扣除数”：填写按规定适用的税率和速算扣除数。

19. 第 38 行“应纳税额”：按照相关行次计算填报。

第 38 行 = 第 35 行 × 第 36 行 – 第 37 行。

（六）除综合所得外其他境外所得个人所得税计算

居民个人取得除综合所得外其他境外所得的，填写本部分，并按规定附报《境外所得个人所得税抵免明细表》。

1. 第 39 行“经营所得应纳税所得额”：根据相应行次计算填报。

第 39 行 = 第 40 行 + 第 41 行。

2. 第 40 行“境内经营所得应纳税所得额”：填写居民个人取得的境内经营所得应纳税所得额合计金额。

3. 第 41 行“境外经营所得应纳税所得额”：填写居民个人取得的境外经营所得应纳税所得额合计金额。

4. 第 42、43 行“税率”“速算扣除数”：填写按规定适用的税率和速算扣除数。

5. 第 44 行“应纳税额”：按照相关行次计算填报。

第 44 行 = 第 39 行 × 第 42 行 – 第 43 行。

6. 第 45 行“境外利息、股息、红利所得应纳税所得额”：填写居民个人取得的境外利息、股息、红利所得应纳税所得额合计金额。

7. 第 46 行“税率”：填写按规定适用的税率。

8. 第 47 行“应纳税额”：按照相关行次计算填报。

第 47 行 = 第 45 行 × 第 46 行。

9. 第 48 行“境外财产租赁所得应纳税所得额”：填写居民个人取得的境外财产租赁所得应纳税所得额合计金额。

10. 第 49 行“税率”：填写按规定适用的税率。

11. 第 50 行“应纳税额”：按照相关行次计算填报。

第 50 行 = 第 48 行 × 第 49 行。

12. 第 51 行“境外财产转让所得应纳税所得额”：填写居民个人取得的境外财产转让所得应纳税所得额合计金额。

13. 第 52 行“税率”：填写按规定适用的税率。

14. 第 53 行“应纳税额”：按照相关行次计算填报。

第 53 行 = 第 51 行 × 第 52 行。

15. 第 54 行“境外偶然所得应纳税所得额”：填写居民个人取得的境外偶然所得应纳税所得额合计金额。

16. 第 55 行“税率”：填写按规定适用的税率。

17. 第 56 行“应纳税额”：按照相关行次计算填报。

第 56 行 = 第 54 行 × 第 55 行。

18. 第 57 行“其他境内、境外所得应纳税所得额”：填写居民个人取得的其他境内、境外所得应纳税所得额合计金额，并在“备注”栏说明具体项目、计算方法等信息。

19. 第 58 行“应纳税额”：根据适用的税率计算填报。

（七）境外股权激励个人所得税计算

居民个人取得境外股权激励，填写本部分，并按规定附报《境外所得个人所得税抵免明细表》。

1. 第 59 行“境内、境外单独计税的股权激励收入合计”：填写居民个人取得的境内、境外单独计税的股权激励收入合计金额。

2. 第 60、61 行“税率”“速算扣除数”：根据单独计税的股权激励政策规定适用的税率和速算扣除数。

3. 第 62 行“应纳税额”：按照相关行次计算填报。

第 62 行 = 第 59 行 × 第 60 行 - 第 61 行。

（八）全年一次性奖金个人所得税计算

无住所居民个人预缴时因预判为非居民个人而按取得数月奖金计算缴税的，汇缴时可以根据自身情况，将一笔数月奖金按照全年一次性奖金单独计算。

1. 第 63 行“全年一次性奖金收入”：填写无住所的居民个人纳税年度内预判为非居民个人时取得的一笔数月奖金收入金额。

2. 第 64 行“准予扣除的捐赠额”：填写无住所的居民个人按规定准予在税前扣除的公益慈善事业捐赠金额，并按规定附报《个人所得税公益慈善事业捐赠扣除明细表》。

3. 第 65、66 行“税率”“速算扣除数”：填写按照全年一次性奖金政策规定适用的税率和速算扣除数。

4. 第 67 行“应纳税额”：按照相关行次计算填报。

第 67 行 =（第 63 行 – 第 64 行）× 第 65 行 – 第 66 行。

（九）税额调整

1. 第 68 行“综合所得收入调整额”：填写居民个人按照税法规定可以办理的除第 68 行之前所填报内容之外的其他可以进行调整的综合所得收入的调整金额，并在“备注”栏说明调整的具体原因、计算方式等信息。

2. 第 69 行“应纳税额调整额”：填写居民个人按照税法规定调整综合所得收入后所应调整的应纳税额。

（十）应补 / 退个人所得税计算

1. 第 70 行“应纳税额合计”：根据相关行次计算填报。

第 70 行 = 第 38 行 + 第 44 行 + 第 47 行 + 第 50 行 + 第 53 行 + 第 56 行 + 第 58 行 + 第 62 行 + 第 67 行 + 第 69 行。

2. 第 71 行“减免税额”：填写符合税法规定的可以减免的税额，并按规定附报《个人所得税减免税事项报告表》。

3. 第 72 行“已缴税额（境内）”：填写居民个人取得在本表中已填报的收入对应的在境内已经缴纳或者被扣缴的个人所得税。

4. 第 75 行“境外所得已纳所得税抵免额”：根据《境外所得个人所得税抵免明细表》计算填写居民个人符合税法规定的个人所得税本年抵免额。

5. 第 76 行“应补 / 退税额”：根据相关行次计算填报。

第 76 行 = 第 70 行 – 第 71 行 – 第 72 行 – 第 75 行。

（十一）无住所个人附报信息

本部分由无住所个人填写。不是，则不填。

1. 纳税年度内在中国境内居住天数：填写本纳税年度内，无住所居民个人在中国境内居住的天数。

2. 已在中国境内居住年数：填写无住所个人已在中国境内连续居住的年份数。其中，年份数自 2019 年（含）开始计算且不包含本纳税年度。

（十二）退税申请

本部分由应补 / 退税额小于 0 且勾选“申请退税”的居民个人填写。

1.“开户银行名称”：填写居民个人在中国境内开立银行账户的银行名称。

2.“开户银行省份”：填写居民个人在中国境内开立的银行账户的开户银行所在省、自治区、直辖市或者计划单列市。

3.“银行账号”：填写居民个人在中国境内开立的银行账户的银行账号。

（十三）备注

填写居民个人认为需要特别说明的或者按照有关规定需要说明的事项。

四、其他事项说明

以纸质方式报送本表的，建议通过计算机填写打印，一式两份，纳税人、税务机关各留存一份。

表 9–4 境外所得个人所得税抵免明细表

税款所属期：　　年　月　日至　　年　月　日

纳税人姓名：

纳税人识别号：□□□□□□□□□□□□□□□□□□□□–□□

金额单位：人民币元（列至角分）

<table>
<tr><td colspan="8">本期境外所得抵免限额计算</td></tr>
<tr><td colspan="3">列次</td><td>A</td><td>B</td><td>C</td><td>D</td><td>E</td></tr>
<tr><td colspan="2">项目</td><td>行次</td><td colspan="5">金额</td></tr>
<tr><td colspan="2" rowspan="2">国家（地区）</td><td rowspan="2">1</td><td rowspan="2">境内</td><td colspan="3">境外</td><td rowspan="2">合计</td></tr>
<tr><td>英国</td><td>法国</td><td></td></tr>
<tr><td rowspan="10">一、综合所得</td><td>（一）收入</td><td>2</td><td>180 000</td><td>70 000</td><td>130 000</td><td></td><td>380 000</td></tr>
<tr><td>其中：工资、薪金</td><td>3</td><td>80 000</td><td></td><td>90 000</td><td></td><td>170 000</td></tr>
<tr><td>劳务报酬</td><td>4</td><td>30 000</td><td>20 000</td><td></td><td></td><td>50 000</td></tr>
<tr><td>稿酬</td><td>5</td><td></td><td>50 000</td><td></td><td></td><td>50 000</td></tr>
<tr><td>特许权使用费</td><td>6</td><td>70 000</td><td></td><td>40 000</td><td></td><td>110 000</td></tr>
<tr><td>（二）费用</td><td>7</td><td>20 000</td><td>14 000</td><td>8 000</td><td></td><td>42 000</td></tr>
<tr><td>（三）收入额</td><td>8</td><td>160 000</td><td>44 000</td><td>122 000</td><td></td><td>326 000</td></tr>
<tr><td>（四）应纳税额</td><td>9</td><td>–</td><td>–</td><td>–</td><td>–</td><td>20 880</td></tr>
<tr><td>（五）减免税额</td><td>10</td><td>–</td><td>–</td><td>–</td><td>–</td><td></td></tr>
<tr><td>（六）抵免限额</td><td>11</td><td>–</td><td>2 819</td><td>7 813</td><td></td><td>10 632</td></tr>
</table>

二、经营所得	（一）收入总额	12	–				
	（二）成本费用	13	–				
	（三）应纳税所得额	14					
	（四）应纳税额	15	–	–	–	–	
	（五）减免税额	16	–	–	–	–	
	（六）抵免限额	17	–				
三、利息、股息、红利所得	（一）应纳税所得额	18	–	60 000			60 000
	（二）应纳税额	19	–	12 000			12 000
	（三）减免税额	20	–				
	（四）抵免限额	21	–	12 000			12 000
四、财产租赁所得	（一）应纳税所得额	22	–				
	（二）应纳税额	23	–				
	（三）减免税额	24	–				
	（四）抵免限额	25	–				
五、财产转让所得	（一）收入	26	–				
	（二）财产原值	27	–				
	（三）合理税费	28	–				
	（四）应纳税所得额	29	–				
	（五）应纳税额	30	–				
	（六）减免税额	31	–				
	（七）抵免限额	32	–				
六、偶然所得	（一）应纳税所得额	33	–				
	（二）应纳税额	34	–				
	（三）减免税额	35	–				
	（四）抵免限额	36	–				
七、股权激励	（一）应纳税所得额	37					
	（二）应纳税额	38	–	–	–	–	
	（三）减免税额	39	–	–	–	–	
	（四）抵免限额	40	–				

八、其他境内、境外所得	（一）应纳税所得额	41					
	（二）应纳税额	42					
	（三）减免税额	43					
	（四）抵免限额	44	–				
九、本年可抵免限额合计（第 45 行 = 第 11 行 + 第 17 行 + 第 21 行 + 第 25 行 + 第 32 行 + 第 36 行 + 第 40 行 + 第 44 行）		45	–	14 819	7 813		22 632
本期实际可抵免额计算							
一、以前年度结转抵免额（第 46 行 = 第 47 行 + 第 48 行 + 第 49 行 + 第 50 行 + 第 51 行）		46	–				
其中：前 5 年		47	–				
前 4 年		48	–				
前 3 年		49	–				
前 2 年		50	–				
前 1 年		51	–				
二、本年境外已纳税额		52	–	13 080	8 350		21 430
其中：享受税收饶让抵免税额（视同境外已纳）		53	–	2 000			
三、本年抵免额（境外所得已纳所得税抵免额）		54	–	13 080	7 813		20 893
四、可结转以后年度抵免额（第 55 行 = 第 56 行 + 第 57 行 + 第 58 行 + 第 59 行 + 第 60 行）		55	–		537		–
其中：前 4 年		56	–				–
前 3 年		57	–				–
前 2 年		58	–				–
前 1 年		59	–				–
本年		60	–				–

<table>
<tr><td colspan="2" align="center">备注</td></tr>
<tr><td colspan="2">

</td></tr>
<tr><td colspan="2">谨声明：本表是根据国家税收法律法规及相关规定填报的，本人对填报内容（附带资料）的真实性、可靠性、完整性负责。

纳税人签字：　　　　　年　月　日</td></tr>
<tr><td>经办人签字：
经办人身份证件类型：
经办人身份证件号码：
代理机构签章：
代理机构统一社会信用代码：</td><td>受理人：

受理税务机关（章）：

受理日期：　　年　月　日</td></tr>
</table>

国家税务总局监制

填表说明：

一、适用范围

本表适用于居民个人纳税年度内取得境外所得，并按税法规定进行年度自行纳税申报时，应填报本表，计算其本年抵免额。

二、报送期限

本表随《个人所得税年度自行纳税申报表（B 表）》一并报送。

三、本表各栏填写

（一）表头项目

1. 税款所属期：填写居民个人取得境外所得当年的第 1 日至最后 1 日。如 2019 年 1 月 1 日至 2019 年 12 月 31 日。

2. 纳税人姓名：填写居民个人姓名。

3. 纳税人识别号：有中国公民身份号码的，填写中华人民共和国居民身份证上载明的“公民身份号码”；没有中国公民身份号码的，填写税务机关赋予的纳税人识别号。

（二）第 A、B、C、D、E 列次

1. 第 A 列“境内”：填写个人取得境内所得相关内容。

2. 第 B ~ D 列“境外”：填写个人取得境外所得相关内容。

3. 第 E 列“合计”：按照相关列次计算填报。

第 E 列 = 第 A 列 + 第 B 列 + 第 C 列 + 第 D 列

（三）本期境外所得抵免限额计算

1. 第 1 行“国家（地区）”：按“境外”列分别填写居民个人取得的境外收入来源国家（地区）名称。

2. 第 2 行“收入”：按列分别填写居民个人取得的综合所得收入合计金额。

3. 第 3 ~ 6 行“工资、薪金”“劳务报酬”“稿酬”“特许权使用费”：按列分别填写居民个人取得的需要并入综合所得计税的“工资、薪金”“劳务报酬”“稿酬”“特许权使用费”所得收入金额。

4. 第 7 行“费用”：根据相关行次计算填报。

第 7 行 =（第 4 行 + 第 5 行 + 第 6 行）× 20%。

5. 第 8 行“收入额”：根据相关行次计算填报。

第 8 行 = 第 2 行 – 第 7 行 – 第 5 行 × 80% × 30%。

6. 第 9 行“应纳税额”：按我国法律法规计算应纳税额，并填报本行“合计”列。

7. 第 10 行“减免税额”：填写符合税法规定的可以减免的税额，并按规定附报《个人所得税减免税事项报告表》。

8. 第 11 行“抵免限额”：根据相应行次按列分别计算填报。

第 11 行“境外”列 =（第 9 行“合计”列 – 第 10 行“合计”列）× 第 8 行“境外”列 ÷ 第 8 行“合计”列。

第 11 行“合计列”= ∑第 11 行“境外”列。

9. 第 12、13、14 行“收入总额”“成本费用”“应纳税所得额”：按列分别填写居民个人取得的经营所得收入、成本费用及应纳税所得额合计金额。

10. 第 15 行“应纳税额”：根据相关行次计算填报“合计”列。

第 15 行 = 第 14 行 × 适用税率 – 速算扣除数。

11. 第 16 行“减免税额”：填写符合税法规定的可以减免的税额，并按规定附报《个人所得税减免税事项报告表》。

12. 第 17 行“抵免限额”：根据相应行次按列分别计算填报。

第 17 行“境外”列 =（第 15 行“合计”列 – 第 16 行“合计”列）× 第 14 行“境外”列 ÷ 第 14 行“合计”列。

第 17 行“合计列”= ∑第 17 行“境外”列。

13. 第 18、22、33、41 行“应纳税所得额”：按列分别填写居民个人取得的利息、股息、红利所得，财产租赁所得，偶然所得，其他境内、境外所得应纳税所得额合计金额。

14. 第 19、23、34、42 行“应纳税额”：按列分别计算填报。

第 19 行 = 第 18 行 × 适用税率；

第 23 行 = 第 22 行 × 适用税率；

第 34 行 = 第 33 行 × 适用税率；

第 42 行 = 第 41 行 × 适用税率。

15. 第 20、24、35、43 行“减免税额”：填写符合税法规定的可以减免的税额，并附报《个人所得税减免税事项报告表》。

16. 第 21、25、36、44 行“抵免限额”：根据相应行次按列分别计算填报。

第 21 行 = 第 19 行 – 第 20 行；

第 25 行 = 第 23 行 – 第 24 行；

第 36 行 = 第 34 行 – 第 35 行；

第 44 行 = 第 42 行 – 第 43 行。

17. 第 26 行“收入”：按列分别填写居民个人取得的财产转让所得收入合计金额。

18. 第 27 行“财产原值”：按列分别填写居民个人取得的财产转让所得对应的财产原值合计金额。

19. 第 28 行“合理税费”：按列分别填写居民个人取得财产转让所得对应的合理税费合计金额。

20. 第 29 行“应纳税所得额”：按列分别填写居民个人取得的财产转让所得应纳税所得额合计金额。

第 29 行 = 第 26 行 – 第 27 行 – 第 28 行。

21. 第 30 行“应纳税额”：根据相应行按列分别计算填报。

第 30 行 = 第 29 行 × 适用税率。

22. 第 31 行“减免税额”：填写符合税法规定的可以减免的税额，并按规定附报《个人所得税减免税事项报告表》。

23. 第 32 行“抵免限额”：根据相应行次按列分别计算填报。

第 32 行 = 第 30 行 – 第 31 行。

24. 第 37 行“应纳税所得额”：按列分别填写居民个人取得的股权激励应纳税所得额合计金额。

25. 第 38 行“应纳税额”：按我国法律法规计算应纳税额填报本行“合计”列。

第 38 行 = 第 37 行 × 适用税率 – 速算扣除数

26. 第 39 行“减免税额”：填写符合税法规定的可以减免的税额，并附报《个人所得税减免税事项报告表》。

27. 第 40 行“抵免限额”：根据相应行次按列分别计算填报。

第 40 行“境外”列 =（第 38 行“合计”列 – 第 39 行“合计”列）× 第 37 行“境外”列 ÷ 第 37 行“合计”列。

28. 第 45 行“本年可抵免限额合计”：根据相应行次按列分别计算填报。

第 45 行 = 第 11 行 + 第 17 行 + 第 21 行 + 第 25 行 + 第 32 行 + 第 36 行 + 第 40 行 + 第 44 行。

（四）本期实际可抵免额计算

1. 第 46 行“以前年度结转抵免额”：根据相应行次按列分别计算填报。

第 46 行 = 第 47 列 + 第 48 列 + 第 49 列 + 第 50 列 + 第 51 列。

2. 第 52 行“本年境外已纳税额”：按列分别填写居民个人在境外已经缴纳或者被扣缴的税款合计金额，包括第 53 行“享受税收饶让抵免税额”。

3. 第 53 行“享受税收饶让抵免税额”：按列分别填写居民个人享受税收饶让政策而视同境外已缴纳而实际未缴纳的税款合计金额。

4. 第 54 行“本年抵免额”：按“境外”列分别计算填写可抵免税额。

第 54 行“合计”列 = ∑第 54 行“境外”列。

5. 第 55 行“可结转以后年度抵免额”：根据相应行次按列分别计算填报。

第 55 行 = 第 56 列 + 第 57 列 + 第 58 列 + 第 59 列 + 第 60 列。

（五）备注

填写居民个人认为需要特别说明的或者税务机关要求说明的事项。

四、其他事项说明

以纸质方式报送本表的，建议通过计算机填写打印，一式两份，纳税人、税务机关各留存一份。

FOREIGN-RELATED
Individual Income Tax

附　录

中华人民共和国个人所得税法

（1980年9月10日第五届全国人民代表大会第三次会议通过 根据1993年10月31日第八届全国人民代表大会常务委员会第四次会议《关于修改〈中华人民共和国个人所得税法〉的决定》第一次修正 根据1999年8月30日第九届全国人民代表大会常务委员会第十一次会议《关于修改〈中华人民共和国个人所得税法〉的决定》第二次修正 根据2005年10月27日第十届全国人民代表大会常务委员会第十八次会议《关于修改〈中华人民共和国个人所得税法〉的决定》第三次修正 根据2007年6月29日第十届全国人民代表大会常务委员会第二十八次会议《关于修改〈中华人民共和国个人所得税法〉的决定》第四次修正 根据2007年12月29日第十届全国人民代表大会常务委员会第三十一次会议《关于修改〈中华人民共和国个人所得税法〉的决定》第五次修正 根据2011年6月30日第十一届全国人民代表大会常务委员会第二十一次会议《关于修改〈中华人民共和国个人所得税法〉的决定》第六次修正 根据2018年8月31日第十三届全国人民代表大会常务委员会第五次会议《关于修改〈中华人民共和国个人所得税法〉的决定》第七次修正）

第一条 在中国境内有住所，或者无住所而一个纳税年度内在中国境内居住累计满一百八十三天的个人，为居民个人。居民个人从中国境内和境外取得的所得，依照本法规定缴纳个人所得税。

在中国境内无住所又不居住，或者无住所而一个纳税年度内在中国境内居住累计不满一百八十三天的个人，为非居民个人。非居民个人从中国境内取得的所得，依照本法规定缴纳个人所得税。

纳税年度，自公历一月一日起至十二月三十一日止。

第二条 下列各项个人所得，应当缴纳个人所得税：

（一）工资、薪金所得；

（二）劳务报酬所得；

（三）稿酬所得；

（四）特许权使用费所得；

（五）经营所得；

（六）利息、股息、红利所得；

（七）财产租赁所得；

（八）财产转让所得；

（九）偶然所得。

居民个人取得前款第一项至第四项所得（以下称综合所得），按纳税年度合并计算个人所得税；非居民个人取得前款第一项至第四项所得，按月或者按次分项计算个人所得税。纳税人取得前款第五项至第九项所得，依照本法规定分别计算个人所得税。

第三条 个人所得税的税率：

（一）综合所得，适用百分之三至百分之四十五的超额累进税率（税率表附后）；

（二）经营所得，适用百分之五至百分之三十五的超额累进税率（税率表附后）；

（三）利息、股息、红利所得，财产租赁所得，财产转让所得和偶然所得，适用比例税率，税率为百分之二十。

第四条 下列各项个人所得，免征个人所得税：

（一）省级人民政府、国务院部委和中国人民解放军军以上单位，以及外国组织、国际组织颁发的科学、教育、技术、文化、卫生、体育、环境保护等方面的奖金；

（二）国债和国家发行的金融债券利息；

（三）按照国家统一规定发给的补贴、津贴；

（四）福利费、抚恤金、救济金；

（五）保险赔款；

（六）军人的转业费、复员费、退役金；

（七）按照国家统一规定发给干部、职工的安家费、退职费、基本养老金或者退休费、离休费、离休生活补助费；

（八）依照有关法律规定应予免税的各国驻华使馆、领事馆的外交代表、领事官员和其他人员的所得；

（九）中国政府参加的国际公约、签订的协议中规定免税的所得；

（十）国务院规定的其他免税所得。

前款第十项免税规定，由国务院报全国人民代表大会常务委员会备案。

第五条 有下列情形之一的，可以减征个人所得税，具体幅度和期限，由省、自治区、直辖市人民政府规定，并报同级人民代表大会常务委员会备案：

（一）残疾、孤老人员和烈属的所得；

（二）因自然灾害遭受重大损失的。

国务院可以规定其他减税情形，报全国人民代表大会常务委员会备案。

第六条 应纳税所得额的计算：

（一）居民个人的综合所得，以每一纳税年度的收入额减除费用六万元以及专项扣除、专项附加扣除和依法确定的其他扣除后的余额，为应纳税所得额。

（二）非居民个人的工资、薪金所得，以每月收入额减除费用五千元后的余额为应纳税所得额；劳务报酬所得、稿酬所得、特许权使用费所得，以每次收入额为应纳税所得额。

（三）经营所得，以每一纳税年度的收入总额减除成本、费用以及损失后的余额，为应纳税所得额。

（四）财产租赁所得，每次收入不超过四千元的，减除费用八百元；四千元以上的，减除百分之二十的费用，其余额为应纳税所得额。

（五）财产转让所得，以转让财产的收入额减除财产原值和合理费用后的余额，为应纳税所得额。

（六）利息、股息、红利所得和偶然所得，以每次收入额为应纳税所得额。

劳务报酬所得、稿酬所得、特许权使用费所得以收入减除百分之二十的费用后的余额为收入额。稿酬所得的收入额减按百分之七十计算。

个人将其所得对教育、扶贫、济困等公益慈善事业进行捐赠，捐赠额未超过纳税人申报的应纳税所得额百分之三十的部分，可以从其应纳税所得额中扣除；国务院规定对公益慈善事业捐赠实行全额税前扣除的，从其规定。

本条第一款第一项规定的专项扣除，包括居民个人按照国家规定的范围和标准缴纳的基本养老保险、基本医疗保险、失业保险等社会保险费和住房公积金等；专项附加扣除，包括子女教育、继续教育、大病医疗、住房贷款利息或者住房租金、赡养老人等支出，具体范围、标准和实施步骤由国务院确定，并报全国人民代表大会常务委员会备案。

第七条 居民个人从中国境外取得的所得，可以从其应纳税额中抵免已在境外缴纳的个人所得税税额，但抵免额不得超过该纳税人境外所得依照本法规定计算的应纳税额。

第八条 有下列情形之一的，税务机关有权按照合理方法进行纳税调整：

（一）个人与其关联方之间的业务往来不符合独立交易原则而减少本人或者其关联方应纳税额，且无正当理由；

（二）居民个人控制的，或者居民个人和居民企业共同控制的设立在实际税负明显偏低的国家（地区）的企业，无合理经营需要，对应当归属于居民个人的利润不作分配或者减少分配；

（三）个人实施其他不具有合理商业目的的安排而获取不当税收利益。

税务机关依照前款规定作出纳税调整，需要补征税款的，应当补征税款，并依法加收利息。

第九条 个人所得税以所得人为纳税人，以支付所得的单位或者个人为扣缴义务人。

纳税人有中国公民身份号码的，以中国公民身份号码为纳税人识别号；纳税人没有中国公民身份号码的，由税务机关赋予其纳税人识别号。扣缴义务人扣缴税款时，纳税人应当向扣缴义务人提供纳税人识别号。

第十条 有下列情形之一的，纳税人应当依法办理纳税申报：

（一）取得综合所得需要办理汇算清缴；

（二）取得应税所得没有扣缴义务人；

（三）取得应税所得，扣缴义务人未扣缴税款；

（四）取得境外所得；

（五）因移居境外注销中国户籍；

（六）非居民个人在中国境内从两处以上取得工资、薪金所得；

（七）国务院规定的其他情形。

扣缴义务人应当按照国家规定办理全员全额扣缴申报，并向纳税人提供其个人所得和已扣缴税款等信息。

第十一条 居民个人取得综合所得，按年计算个人所得税；有扣缴义务人的，由扣缴义务人按月或者按次预扣预缴税款；需要办理汇算清缴的，应当在取得所得的次年三月一日至六月三十日内办理汇算清缴。预扣预缴办法由国务院税务主管部门制定。

居民个人向扣缴义务人提供专项附加扣除信息的，扣缴义务人按月预扣预缴税款时应当按照规定予以扣除，不得拒绝。

非居民个人取得工资、薪金所得，劳务报酬所得，稿酬所得和特许权使用费所得，有扣缴义务人的，由扣缴义务人按月或者按次代扣代缴税款，不办理汇算清缴。

第十二条 纳税人取得经营所得，按年计算个人所得税，由纳税人在月度或者季度终了后十五日内向税务机关报送纳税申报表，并预缴税款；在取得所得的次年三月三十一日前办理汇算清缴。

纳税人取得利息、股息、红利所得，财产租赁所得，财产转让所得和偶然所得，按月或者按次计算个人所得税，有扣缴义务人的，由扣缴义务人按月或者按次代扣代缴税款。

第十三条 纳税人取得应税所得没有扣缴义务人的，应当在取得所得的次月十五日内向税务机关报送纳税申报表，并缴纳税款。

纳税人取得应税所得，扣缴义务人未扣缴税款的，纳税人应当在取得所得的次年六月三十日前，缴纳税款；税务机关通知限期缴纳的，纳税人应当按照期限缴纳税款。

居民个人从中国境外取得所得的，应当在取得所得的次年三月一日至六月三十日内申报纳税。

非居民个人在中国境内从两处以上取得工资、薪金所得的，应当在取得所得的次月十五日内申报纳税。

纳税人因移居境外注销中国户籍的，应当在注销中国户籍前办理税款清算。

第十四条 扣缴义务人每月或者每次预扣、代扣的税款，应当在次月十五日内缴入国库，并向税务机关报送扣缴个人所得税申报表。

纳税人办理汇算清缴退税或者扣缴义务人为纳税人办理汇算清缴退税的，税务机关审核后，按照国库管理的有关规定办理退税。

第十五条 公安、人民银行、金融监督管理等相关部门应当协助税务机关确认纳税人的身份、金融账户信息。教育、卫生、医疗保障、民政、人力资源社会保障、住房城乡建设、公安、人民银行、金融监督管理等相关部门应当向税务机关提供纳税人子女教育、继续教育、大病医疗、住房贷款利息、住房租金、赡养老人等专项附加扣除信息。

个人转让不动产的，税务机关应当根据不动产登记等相关信息核验应缴的个人所得税，登记机构办理转移登记时，应当查验与该不动产转让相关的个人所得税的完税凭证。个人转让股权办理变更登记的，市场主体登记机关应当查验与该股权交易相关的个人所得税的完税凭证。

有关部门依法将纳税人、扣缴义务人遵守本法的情况纳入信用信息系统，并实施联合激励或者惩戒。

第十六条 各项所得的计算，以人民币为单位。所得为人民币以外的货币的，按照人民币汇率中间价折合成人民币缴纳税款。

第十七条 对扣缴义务人按照所扣缴的税款，付给百分之二的手续费。

第十八条 对储蓄存款利息所得开征、减征、停征个人所得税及其具体办法，由国务院规定，并报全国人民代表大会常务委员会备案。

第十九条 纳税人、扣缴义务人和税务机关及其工作人员违反本法规定的，依照《中华人民共和国税收征收管理法》和有关法律法规的规定追究法律责任。

第二十条 个人所得税的征收管理，依照本法和《中华人民共和国税收征收管理法》的规定执行。

第二十一条 国务院根据本法制定实施条例。

第二十二条 本法自公布之日起施行。

个人所得税税率表一
（综合所得适用）

级数	全年应纳税所得额	税率（%）
1	不超过 36 000 元的	3
2	超过 36 000 元至 144 000 元的部分	10
3	超过 144 000 元至 300 000 元的部分	20
4	超过 300 000 元至 420 000 元的部分	25
5	超过 420 000 元至 660 000 元的部分	30
6	超过 660 000 元至 960 000 元的部分	35
7	超过 960 000 元的部分	45

（注 1：本表所称全年应纳税所得额是指依照本法第六条的规定，居民个人取得综合所得以每一纳税年度收入额减除费用六万元以及专项扣除、专项附加扣除和依法确定的其他扣除后的余额。

注 2：非居民个人取得工资、薪金所得，劳务报酬所得，稿酬所得和特许权使用费所得，依照本表按月换算后计算应纳税额。）

个人所得税税率表二

（经营所得适用）

级数	全年应纳税所得额	税率（%）
1	不超过 30 000 元的	5
2	超过 30 000 元至 90 000 元的部分	10
3	超过 90 000 元至 300 000 元的部分	20
4	超过 300 000 元至 500 000 元的部分	30
5	超过 500 000 元的部分	35

（注：本表所称全年应纳税所得额是指依照本法第六条的规定，以每一纳税年度的收入总额减除成本、费用以及损失后的余额。）

中华人民共和国个人所得税法实施条例

（1994 年 1 月 28 日中华人民共和国国务院令第 142 号发布　根据 2005 年 12 月 19 日《国务院关于修改〈中华人民共和国个人所得税法实施条例〉的决定》第一次修订　根据 2008 年 2 月 18 日《国务院关于修改〈中华人民共和国个人所得税法实施条例〉的决定》第二次修订　根据 2011 年 7 月 19 日《国务院关于修改〈中华人民共和国个人所得税法实施条例〉的决定》第三次修订　2018 年 12 月 18 日中华人民共和国国务院令第 707 号第四次修订）

第一条　根据《中华人民共和国个人所得税法》（以下简称个人所得税法），制定本条例。

第二条　个人所得税法所称在中国境内有住所，是指因户籍、家庭、经济利益关系而在中国境内习惯性居住；所称从中国境内和境外取得的所得，分别是指来源于中国境内的所得和来源于中国境外的所得。

第三条　除国务院财政、税务主管部门另有规定外，下列所得，不论支付地点是否在中国境内，均为来源于中国境内的所得：

（一）因任职、受雇、履约等在中国境内提供劳务取得的所得；

（二）将财产出租给承租人在中国境内使用而取得的所得；

（三）许可各种特许权在中国境内使用而取得的所得；

（四）转让中国境内的不动产等财产或者在中国境内转让其他财产取得的所得；

（五）从中国境内企业、事业单位、其他组织以及居民个人取得的利息、股息、红利所得。

第四条 在中国境内无住所的个人，在中国境内居住累计满183天的年度连续不满六年的，经向主管税务机关备案，其来源于中国境外且由境外单位或者个人支付的所得，免予缴纳个人所得税；在中国境内居住累计满183天的任一年度中有一次离境超过30天的，其在中国境内居住累计满183天的年度的连续年限重新起算。

第五条 在中国境内无住所的个人，在一个纳税年度内在中国境内居住累计不超过90天的，其来源于中国境内的所得，由境外雇主支付并且不由该雇主在中国境内的机构、场所负担的部分，免予缴纳个人所得税。

第六条 个人所得税法规定的各项个人所得的范围：

（一）工资、薪金所得，是指个人因任职或者受雇取得的工资、薪金、奖金、年终加薪、劳动分红、津贴、补贴以及与任职或者受雇有关的其他所得。

（二）劳务报酬所得，是指个人从事劳务取得的所得，包括从事设计、装潢、安装、制图、化验、测试、医疗、法律、会计、咨询、讲学、翻译、审稿、书画、雕刻、影视、录音、录像、演出、表演、广告、展览、技术服务、介绍服务、经纪服务、代办服务以及其他劳务取得的所得。

（三）稿酬所得，是指个人因其作品以图书、报刊等形式出版、发表而取得的所得。

（四）特许权使用费所得，是指个人提供专利权、商标权、著作权、非专利技术以及其他特许权的使用权取得的所得；提供著作权的使用权取得的所得，不包括稿酬所得。

（五）经营所得，是指：

1. 个体工商户从事生产、经营活动取得的所得，个人独资企业投资人、合伙企业的个人合伙人来源于境内注册的个人独资企业、合伙企业生产、经营的所得；

2. 个人依法从事办学、医疗、咨询以及其他有偿服务活动取得的所得；

3. 个人对企业、事业单位承包经营、承租经营以及转包、转租取得的所得；

4. 个人从事其他生产、经营活动取得的所得。

（六）利息、股息、红利所得，是指个人拥有债权、股权等而取得的利息、股息、红利所得。

（七）财产租赁所得，是指个人出租不动产、机器设备、车船以及其他财产取得的所得。

（八）财产转让所得，是指个人转让有价证券、股权、合伙企业中的财产份额、不动产、机器设备、车船以及其他财产取得的所得。

（九）偶然所得，是指个人得奖、中奖、中彩以及其他偶然性质的所得。

个人取得的所得，难以界定应纳税所得项目的，由国务院税务主管部门确定。

第七条 对股票转让所得征收个人所得税的办法，由国务院另行规定，并报全国人民代表大会常务委员会备案。

第八条 个人所得的形式，包括现金、实物、有价证券和其他形式的经济利益；所得为实物的，应当按照取得的凭证上所注明的价格计算应纳税所得额，无凭证的实物或者凭证上所注明的价格明显偏低的，参照市场价格核定应纳税所得额；所得为有价证券的，根据票面价格和市场价格核定应纳税所得额；所得为其他形式的经济利益的，参照市场价格核定应纳税所得额。

第九条 个人所得税法第四条第一款第二项所称国债利息，是指个人持有中华人民共和国财政部发行的债券而取得的利息；所称国家发行的金融债券利息，是指个人持有经国务院批准发行的金融债券而取得的利息。

第十条 个人所得税法第四条第一款第三项所称按照国家统一规定发给的补贴、津贴，是指按照国务院规定发给的政府特殊津贴、院士津贴，以及国务院规定免予缴纳个人所得税的其他补贴、津贴。

第十一条 个人所得税法第四条第一款第四项所称福利费，是指根据国家有关规定，从企业、事业单位、国家机关、社会组织提留的福利费或者工会经费中支付给个人的生活补助费；所称救济金，是指各级人民政府民政部门支付给个人的生活困难补助费。

第十二条 个人所得税法第四条第一款第八项所称依照有关法律规定应予免税的各国驻华使馆、领事馆的外交代表、领事官员和其他人员的所得，是指依照《中华人民共和国外交特权与豁免条例》和《中华人民共和国领事特权与豁免条例》规定免税的所得。

第十三条 个人所得税法第六条第一款第一项所称依法确定的其他扣除，包括个人缴付符合国家规定的企业年金、职业年金，个人购买符合国家规定的商业健康保险、税收递延型商业养老保险的支出，以及国务院规定可以扣除的其他项目。

专项扣除、专项附加扣除和依法确定的其他扣除，以居民个人一个纳税年度的应纳税所得额为限额；一个纳税年度扣除不完的，不结转以后年度扣除。

第十四条 个人所得税法第六条第一款第二项、第四项、第六项所称每次，分别按照下列方法确定：

（一）劳务报酬所得、稿酬所得、特许权使用费所得，属于一次性收入的，以取得该项收入为一次；属于同一项目连续性收入的，以一个月内取得的收入为一次。

（二）财产租赁所得，以一个月内取得的收入为一次。

（三）利息、股息、红利所得，以支付利息、股息、红利时取得的收入为一次。

（四）偶然所得，以每次取得该项收入为一次。

第十五条 个人所得税法第六条第一款第三项所称成本、费用，是指生产、经营活动中发生的各项直接支出和分配计入成本的间接费用以及销售费用、管理费用、财务费用；所称损失，是指生产、经营活动中发生的固定资产和存货的盘亏、毁损、报废损失，转让财产损失，坏账损失，自然灾害等不可抗力因素造成的损失以及其他损失。

取得经营所得的个人，没有综合所得的，计算其每一纳税年度的应纳税所得额时，应当减除费用 6 万元、专项扣除、专项附加扣除以及依法确定的其他扣除。专项附加扣除在办理汇算清缴时减除。

从事生产、经营活动，未提供完整、准确的纳税资料，不能正确计算应纳税所得额的，由主管税务机关核定应纳税所得额或者应纳税额。

第十六条 个人所得税法第六条第一款第五项规定的财产原值，按照下列方法确定：

（一）有价证券，为买入价以及买入时按照规定交纳的有关费用；

（二）建筑物，为建造费或者购进价格以及其他有关费用；

（三）土地使用权，为取得土地使用权所支付的金额、开发土地的费用以及其他有关费用；

（四）机器设备、车船，为购进价格、运输费、安装费以及其他有关费用。

其他财产，参照前款规定的方法确定财产原值。

纳税人未提供完整、准确的财产原值凭证，不能按照本条第一款规定的方法确定财产原值的，由主管税务机关核定财产原值。

个人所得税法第六条第一款第五项所称合理费用，是指卖出财产时按照规定支付的有关税费。

第十七条 财产转让所得，按照一次转让财产的收入额减除财产原值和合理费用后的余额计算纳税。

第十八条 两个以上的个人共同取得同一项目收入的，应当对每个人取得的收入分别按照个人所得税法的规定计算纳税。

第十九条 个人所得税法第六条第三款所称个人将其所得对教育、扶贫、济困等公益慈善事业进行捐赠，是指个人将其所得通过中国境内的公益性社会组织、国家机关向教育、扶贫、济困等公益慈善事业的捐赠；所称应纳税所得额，是指计算扣除捐赠额之前的应纳税所得额。

第二十条 居民个人从中国境内和境外取得的综合所得、经营所得，应当分别合并计算应纳税额；从中国境内和境外取得的其他所得，应当分别单独计算应纳税额。

第二十一条 个人所得税法第七条所称已在境外缴纳的个人所得税税额，是指居民个人来源于中国境外的所得，依照该所得来源国家（地区）的法律应当缴纳并且实际已经缴纳的所得税税额。

个人所得税法第七条所称纳税人境外所得依照本法规定计算的应纳税额，是居民个人抵免已在境外缴纳的综合所得、经营所得以及其他所得的所得税税额的限额（以下简称抵免限额）。除国务院财政、税务主管部门另有规定外，来源于中国境外一个国家（地区）的综合所得抵免限额、经营所得抵免限额以及其他所得抵免限额之和，为来源于该国家（地区）所得的抵免限额。

居民个人在中国境外一个国家（地区）实际已经缴纳的个人所得税税额，低于依照前款规定计算出的来源于该国家（地区）所得的抵免限额的，应当在中国缴纳差额部分的税款；超过来源于该国家（地区）所得的抵免限额的，其超过部分不得在本纳税年度的应纳税额中抵免，但是可以在以后纳税年度来源于该国家（地区）所得的抵免限额的余额中补扣。补扣期限最长不得超过五年。

第二十二条 居民个人申请抵免已在境外缴纳的个人所得税税额，应当提供境外税务机关出具的税款所属年度的有关纳税凭证。

第二十三条 个人所得税法第八条第二款规定的利息，应当按照税款所属纳税申报期最后一日中国人民银行公布的与补税期间同期的人民币贷款基准利率计算，自税款纳税申报期满次日起至补缴税款期限届满之日止按日加收。纳税人在补缴税款期限届满前补缴税款的，利息加收至补缴税款之日。

第二十四条 扣缴义务人向个人支付应税款项时，应当依照个人所得税法规定预扣或者代扣税款，按时缴库，并专项记载备查。

前款所称支付，包括现金支付、汇拨支付、转账支付和以有价证券、实物以及其他形式的支付。

第二十五条 取得综合所得需要办理汇算清缴的情形包括：

（一）从两处以上取得综合所得，且综合所得年收入额减除专项扣除的余额超过 6 万元；

（二）取得劳务报酬所得、稿酬所得、特许权使用费所得中一项或者多项所得，且综合所得年收入额减除专项扣除的余额超过 6 万元；

（三）纳税年度内预缴税额低于应纳税额；

（四）纳税人申请退税。

纳税人申请退税，应当提供其在中国境内开设的银行账户，并在汇算清缴地就地办理税款退库。

汇算清缴的具体办法由国务院税务主管部门制定。

第二十六条 个人所得税法第十条第二款所称全员全额扣缴申报，是指扣缴义务人在代扣税款的次月十五日内，向主管税务机关报送其支付所得的所有个人的有关信息、支付所得数额、扣除事项和数额、扣缴税款的具体数额和总额以及其他相关涉税信息资料。

第二十七条 纳税人办理纳税申报的地点以及其他有关事项的具体办法，由国务院税务主管部门制定。

第二十八条 居民个人取得工资、薪金所得时，可以向扣缴义务人提供专项附加扣除有关信息，由扣缴义务人扣缴税款时减除专项附加扣除。纳税人同时从两处以上取得工资、薪金所得，并由扣缴义务人减除专项附加扣除的，对同一专项附加扣除项目，在一个纳税年度内只能选择从一处取得的所得中减除。

居民个人取得劳务报酬所得、稿酬所得、特许权使用费所得，应当在汇算清缴时向税务机关提供有关信息，减除专项附加扣除。

第二十九条 纳税人可以委托扣缴义务人或者其他单位和个人办理汇算清缴。

第三十条 扣缴义务人应当按照纳税人提供的信息计算办理扣缴申报，不得擅自更改纳税人提供的信息。

纳税人发现扣缴义务人提供或者扣缴申报的个人信息、所得、扣缴税款等与实际情况不符的，有权要求扣缴义务人修改。扣缴义务人拒绝修改的，纳税人应当报告税务机关，税务机关应当及时处理。

纳税人、扣缴义务人应当按照规定保存与专项附加扣除相关的资料。税务机关可以对纳税人提供的专项附加扣除信息进行抽查，具体办法由国务院税务主管部门另行规定。税务机关发现纳税人提供虚假信息的，应当责令改正并通知扣缴义务人；情节严重的，有关部门应当依法予以处理，纳入信用信息系统并实施联合惩戒。

第三十一条　纳税人申请退税时提供的汇算清缴信息有错误的，税务机关应当告知其更正；纳税人更正的，税务机关应当及时办理退税。

扣缴义务人未将扣缴的税款解缴入库的，不影响纳税人按照规定申请退税，税务机关应当凭纳税人提供的有关资料办理退税。

第三十二条　所得为人民币以外货币的，按照办理纳税申报或者扣缴申报的上一月最后一日人民币汇率中间价，折合成人民币计算应纳税所得额。年度终了后办理汇算清缴的，对已经按月、按季或者按次预缴税款的人民币以外货币所得，不再重新折算；对应当补缴税款的所得部分，按照上一纳税年度最后一日人民币汇率中间价，折合成人民币计算应纳税所得额。

第三十三条　税务机关按照个人所得税法第十七条的规定付给扣缴义务人手续费，应当填开退还书；扣缴义务人凭退还书，按照国库管理有关规定办理退库手续。

第三十四条　个人所得税纳税申报表、扣缴个人所得税报告表和个人所得税完税凭证式样，由国务院税务主管部门统一制定。

第三十五条　军队人员个人所得税征收事宜，按照有关规定执行。

第三十六条　本条例自 2019 年 1 月 1 日起施行。

财政部 税务总局关于粤港澳大湾区个人所得税优惠政策的通知

（财税〔2019〕31号）

广东省、深圳市财政厅（局），国家税务总局广东省、深圳市税务局：

为支持粤港澳大湾区建设，现就大湾区有关个人所得税优惠政策通知如下：

一、广东省、深圳市按内地与香港个人所得税税负差额，对在大湾区工作的境外（含港澳台，下同）高端人才和紧缺人才给予补贴，该补贴免征个人所得税。

二、在大湾区工作的境外高端人才和紧缺人才的认定和补贴办法，按照广东省、深圳市的有关规定执行。

三、本通知适用范围包括广东省广州市、深圳市、珠海市、佛山市、惠州市、东莞市、中山市、江门市和肇庆市等大湾区珠三角九市。

四、本通知自2019年1月1日起至2023年12月31日止执行。《财政部 国家税务总局关于广东横琴新区个人所得税优惠政策的通知》（财税〔2014〕23号)、《财政部 国家税务总局关于深圳前海深港现代服务业合作区个人所得税优惠政策的通知》(财税〔2014〕25号)自2019年1月1日起废止。

财政部 税务总局

2019年3月14日

财政部 税务总局关于在中国境内无住所的个人居住时间判定标准的公告

（财政部 税务总局公告2019年第34号）

为贯彻落实修改后的《中华人民共和国个人所得税法》和《中华人民共和国个人所得税法实施条例》，现将在中国境内无住所的个人（以下称无住所个人）居住时间的判定标准公告如下：

一、无住所个人一个纳税年度在中国境内累计居住满183天的，如果此前六年在中国境内每年累计居住天数都满183天而且没有任何一年单次离境超过30天，该纳税年度来源于中国境内、境外所得应当缴纳个人所得税；如果此前六年的任一年在中国境内累计居住天数不满183天或者单次离境超过30天，该纳税年度来源于中国境外且由境外单位或者个人支付的所得，免予缴纳个人所得税。

前款所称此前六年，是指该纳税年度的前一年至前六年的连续六个年度，此前六年的起始年度自2019年（含）以后年度开始计算。

二、无住所个人一个纳税年度内在中国境内累计居住天数，按照个人在中国境内累计停留的天数计算。在中国境内停留的当天满24小时的，计入中国境内居住天数，在中国境内停留的当天不足24小时的，不计入中国境内居住天数。

三、本公告自2019年1月1日起施行。

特此公告。

财政部 税务总局

2019年3月14日

财政部 税务总局关于非居民个人和无住所居民个人有关个人所得税政策的公告

（财政部 税务总局公告2019年第35号）

为贯彻落实修改后的《中华人民共和国个人所得税法》（以下称税法）和《中华人民共和国个人所得税法实施条例》（以下称实施条例），现将非居民个人和无住所居民个人（以下统称无住所个人）有关个人所得税政策公告如下：

一、关于所得来源地

（一）关于工资薪金所得来源地的规定。

个人取得归属于中国境内（以下称境内）工作期间的工资薪金所得为来源于境内的工资薪金所得。境内工作期间按照个人在境内工作天数计算，包括其在境内的实际工作日以及境内工作期间在境内、境外享受的公休假、个人休假、接受培训的天数。在境内、境外单位同时担任职务或者仅在境外单位任职的个人，在境内停留的当天不足24小时的，按照半天计算境内工作天数。

无住所个人在境内、境外单位同时担任职务或者仅在境外单位任职，且当期同时在境内、境外工作的，按照工资薪金所属境内、境外工作天数占当期公历天数的比例计算确定来源于境内、境外工资薪金所得的收入额。境外工作天数按照当期公历天数减去当期境内工作天数计算。

（二）关于数月奖金以及股权激励所得来源地的规定。

无住所个人取得的数月奖金或者股权激励所得按照本条第（一）项规定确定所得来源地的，无住所个人在境内履职或者执行职务时收到的数月奖金或者股权激励所得，归属于境外工作期间的部分，为来源于境外的工资薪金所得；无住所个人停止在境内履约或者执行职务离境后收到的数月奖金或者股权激励所得，对属于境内工作期间的部分，为来源于境内的工资薪金所得。具体计算方法为：数月奖金或者股权激励乘以数月奖金或者股权激励所属工作期间境内工作天数与所属工作期间公历天数之比。

无住所个人一个月内取得的境内外数月奖金或者股权激励包含归属于不同期间的多笔所得的，应当先分别按照本公告规定计算不同归属期间来源于境内的所得，然后再加总计算当月来源于境内的数月奖金或者股权激励收入额。

本公告所称数月奖金是指一次取得归属于数月的奖金、年终加薪、分红等工资薪金所得，不包括每月固定发放的奖金及一次性发放的数月工资。本公告所称股权激励包括股票期权、股权期权、限制性股票、股票增值权、股权奖励以及其他因认购股票等有价证券而从雇主取得的折扣或者补贴。

（三）关于董事、监事及高层管理人员取得报酬所得来源地的规定。

对于担任境内居民企业的董事、监事及高层管理职务的个人（以下统称高管人员），无论是否在境内履行职务，取得由境内居民企业支付或者负担的董事费、监事费、工资薪金或者其他类似报酬（以下统称高管人员报酬，包含数月奖金和股权激励），属于来源于境内的所得。

本公告所称高层管理职务包括企业正、副（总）经理、各职能总师、总监及其他类似公司管理层的职务。

（四）关于稿酬所得来源地的规定。

由境内企业、事业单位、其他组织支付或者负担的稿酬所得，为来源于境内的所得。

二、关于无住所个人工资薪金所得收入额计算

无住所个人取得工资薪金所得，按以下规定计算在境内应纳税的工资薪金所得的收入额（以下称工资薪金收入额）：

（一）无住所个人为非居民个人的情形。

非居民个人取得工资薪金所得，除本条第（三）项规定以外，当月工资薪金收入额分别按照以下两种情形计算：

1. 非居民个人境内居住时间累计不超过 90 天的情形。

在一个纳税年度内，在境内累计居住不超过 90 天的非居民个人，仅就归属于境内工作期间并由境内雇主支付或者负担的工资薪金所得计算缴纳个人所得税。当月工资薪金收入额的计算公式如下（公式一）：

$$\text{当月工资薪金收入额}=\text{当月境内外工资薪金总额}\times\frac{\text{当月境内支付工资薪金数额}}{\text{当月境内外工资薪金总额}}\times\frac{\text{当月工资薪金所属工作期间境内工作天数}}{\text{当月工资薪金所属工作期间公历天数}}$$

本公告所称境内雇主包括雇佣员工的境内单位和个人以及境外单位或者个人在境内的机构、场所。凡境内雇主采取核定征收所得税或者无营业收入未征收所得税的，无住所个人为其工作取得工资薪金所得，不论是否在该境内雇主会计账簿中记载，均视为由该境内雇主支付或者负担。本公告所称工资薪金所属工作期间的公历天数，是指无住所个人取得工资薪金所属工作期间按公历计算的天数。

本公告所列公式中当月境内外工资薪金包含归属于不同期间的多笔工资薪金的，应当先分别按照本公告规定计算不同归属期间工资薪金收入额，然后再加总计算当月工资薪金收入额。

2. 非居民个人境内居住时间累计超过 90 天不满 183 天的情形。

在一个纳税年度内，在境内累计居住超过 90 天但不满 183 天的非居民个人，取得归属于境内工作期间的工资薪金所得，均应当计算缴纳个人所得税；其取得归属于境外工作期间的工资薪金所得，不征收个人所得税。当月工资薪金收入额的计算公式如下（公式二）：

$$\text{当月工资薪金收入额}=\text{当月境内外工资薪金总额}\times\frac{\text{当月工资薪金所属工作期间境内工作天数}}{\text{当月工资薪金所属工作期间公历天数}}$$

（二）无住所个人为居民个人的情形。

在一个纳税年度内，在境内累计居住满 183 天的无住所居民个人取得工资薪金所得，当月工资薪金收入额按照以下规定计算：

1. 无住所居民个人在境内居住累计满 183 天的年度连续不满六年的情形。

在境内居住累计满 183 天的年度连续不满六年的无住所居民个人，符合实施条例第四条优惠条件的，其取得的全部工资薪金所得，除归属于境外工作期间且由境外单位或者个人支付的工资薪金所得部分外，均应计算缴纳个人所得税。工资薪金所得收入额的计算公式如下（公式三）：

$$\text{当月工资薪金收入额}=\text{当月境内外工资薪金总额}\times\left[1-\frac{\text{当月境外支付工资薪金数额}}{\text{当月境内外工资薪金总额}}\times\frac{\text{当月工资薪金所属工作期间境外工作天数}}{\text{当月工资薪金所属工作期间公历天数}}\right]$$

2. 无住所居民个人在境内居住累计满 183 天的年度连续满六年的情形。

在境内居住累计满 183 天的年度连续满六年后，不符合实施条例第四条优惠条件的无住所居民个人，其从境内、境外取得的全部工资薪金所得均应计算缴纳个人所得税。

（三）无住所个人为高管人员的情形。

无住所居民个人为高管人员的，工资薪金收入额按照本条第（二）项规定计算纳税。非居民个人为高管人员的，按照以下规定处理：

1. 高管人员在境内居住时间累计不超过 90 天的情形。

在一个纳税年度内，在境内累计居住不超过 90 天的高管人员，其取得由境内雇主支付或者负担的工资薪金所得应当计算缴纳个人所得税；不是由境内雇主支付或者负担的工资薪金所得，不缴纳个人所得税。当月工资薪金收入额为当月境内支付或者负担的工资薪金收入额。

2. 高管人员在境内居住时间累计超过 90 天不满 183 天的情形。

在一个纳税年度内，在境内居住累计超过 90 天但不满 183 天的高管人员，其取得的工资薪金所得，除归属于境外工作期间且不是由境内雇主支付或者负担的部分外，应当计算缴纳个人所得税。当月工资薪金收入额计算适用本公告公式三。

三、关于无住所个人税款计算

（一）关于无住所居民个人税款计算的规定。

无住所居民个人取得综合所得，年度终了后，应按年计算个人所得税；有扣缴义务人的，由扣缴义务人按月或者按次预扣预缴税款；需要办理汇算清缴的，按照规定办理汇算清缴，年度综合所得应纳税额计算公式如下（公式四）：

年度综合所得应纳税额 =（年度工资薪金收入额 + 年度劳务报酬收入额 + 年度稿酬收入额 + 年度特许权使用费收入额 – 减除费用 – 专项扣除 – 专项附加扣除 – 依法确定的其他扣除）× 适用税率 – 速算扣除数

无住所居民个人为外籍个人的，2022 年 1 月 1 日前计算工资薪金收入额时，已经按规定减除住房补贴、子女教育费、语言训练费等八项津补贴的，不能同时享受专项附加扣除。

年度工资薪金、劳务报酬、稿酬、特许权使用费收入额分别按年度内每月工资薪金以及每次劳务报酬、稿酬、特许权使用费收入额合计数额计算。

（二）关于非居民个人税款计算的规定。

1. 非居民个人当月取得工资薪金所得，以按照本公告第二条规定计算的当月收入额，减去税法规定的减除费用后的余额，为应纳税所得额，适用本公告所附按月换算后的综合所得税率表（以下称月度税率表）计算应纳税额。

2. 非居民个人一个月内取得数月奖金，单独按照本公告第二条规定计算当月收入额，不与当月其他工资薪金合并，按6个月分摊计税，不减除费用，适用月度税率表计算应纳税额，在一个公历年度内，对每一个非居民个人，该计税办法只允许适用一次。计算公式如下（公式五）：

当月数月奖金应纳税额=［（数月奖金收入额÷6）×适用税率－速算扣除数］×6

3. 非居民个人一个月内取得股权激励所得，单独按照本公告第二条规定计算当月收入额，不与当月其他工资薪金合并，按6个月分摊计税（一个公历年度内的股权激励所得应合并计算），不减除费用，适用月度税率表计算应纳税额，计算公式如下（公式六）：

当月股权激励所得应纳税额 =［（本公历年度内股权激励所得合计额 ÷6）× 适用税率 – 速算扣除数］×6– 本公历年度内股权激励所得已纳税额

4. 非居民个人取得来源于境内的劳务报酬所得、稿酬所得、特许权使用费所得，以税法规定的每次收入额为应纳税所得额，适用月度税率表计算应纳税额。

四、关于无住所个人适用税收协定

按照我国政府签订的避免双重征税协定、内地与香港、澳门签订的避免双重征税安排（以下称税收协定）居民条款规定为缔约对方税收居民的个人（以下称对方税收居民个人），可以按照税收协定及财政部、税务总局有关规定享受税收协定待遇，也可以选择不享受税收协定待遇计算纳税。除税收协定及财政部、税务总局另有规定外，无住所个人适用税收协定的，按照以下规定执行：

（一）关于无住所个人适用受雇所得条款的规定。

1. 无住所个人享受境外受雇所得协定待遇。

本公告所称境外受雇所得协定待遇，是指按照税收协定受雇所得条款规定，对方税收居民个人在境外从事受雇活动取得的受雇所得，可不缴纳个人所得税。

无住所个人为对方税收居民个人，其取得的工资薪金所得可享受境外受雇所得协定待遇的，可不缴纳个人所得税。工资薪金收入额计算适用本公告公式二。

无住所居民个人为对方税收居民个人的，可在预扣预缴和汇算清缴时按前款规定享受协定待遇；非居民个人为对方税收居民个人的，可在取得所得时按前款规定享受协定待遇。

2. 无住所个人享受境内受雇所得协定待遇。

本公告所称境内受雇所得协定待遇，是指按照税收协定受雇所得条款规定，在税收协定规定的期间内境内停留天数不超过 183 天的对方税收居民个人，在境内从事受雇活动取得受雇所得，不是由境内居民雇主支付或者代其支付的，也不是由雇主在境内常设机构负担的，可不缴纳个人所得税。

无住所个人为对方税收居民个人，其取得的工资薪金所得可享受境内受雇所得协定待遇的，可不缴纳个人所得税。工资薪金收入额计算适用本公告公式一。

无住所居民个人为对方税收居民个人的，可在预扣预缴和汇算清缴时按前款规定享受协定待遇；非居民个人为对方税收居民个人的，可在取得所得时按前款规定享受协定待遇。

（二）关于无住所个人适用独立个人劳务或者营业利润条款的规定。

本公告所称独立个人劳务或者营业利润协定待遇，是指按照税收协定独立个人劳务或者营业利润条款规定，对方税收居民个人取得的独立个人劳务所得或者营业利润符合税收协定规定条件的，可不缴纳个人所得税。

无住所居民个人为对方税收居民个人，其取得的劳务报酬所得、稿酬所得可享受独立个人劳务或者营业利润协定待遇的，在预扣预缴和汇算清缴时，可不缴纳个人所得税。

非居民个人为对方税收居民个人，其取得的劳务报酬所得、稿酬所得可享受独立个人劳务或者营业利润协定待遇的，在取得所得时可不缴纳个人所得税。

（三）关于无住所个人适用董事费条款的规定。

对方税收居民个人为高管人员，该个人适用的税收协定未纳入董事费条款，或者虽然纳入董事费条款但该个人不适用董事费条款，且该个人取得的高管人员报酬可享受税收协定受雇所得、独立个人劳务或者营业利润条款规定待遇的，该个人取得的高管人员报酬可不适用本公告第二条第（三）项规定，分别按照本条第（一）项、第（二）项规定执行。

对方税收居民个人为高管人员，该个人取得的高管人员报酬按照税收协定董事费条款规定可以在境内征收个人所得税的，应按照有关工资薪金所得或者劳务报酬所得规定缴纳个人所得税。

（四）关于无住所个人适用特许权使用费或者技术服务费条款的规定。

本公告所称特许权使用费或者技术服务费协定待遇，是指按照税收协定特许权使用费或者技术服务费条款规定，对方税收居民个人取得符合规定的特许权使用费或者技术服务费，可按照税收协定规定的计税所得额和征税比例计算纳税。

无住所居民个人为对方税收居民个人，其取得的特许权使用费所得、稿酬所得或者劳务报酬所得可享受特许权使用费或者技术服务费协定待遇的，可不纳入综合所得，在取得当月按照税收协定规定的计税所得额和征税比例计算应纳税额，并预扣预缴税款。年度汇算清缴时，该个人取得的已享受特许权使用费或者技术服务费协定待遇的所得不纳入年度综合所得，单独按照税收协定规定的计税所得额和征税比例计算年度应纳税额及补退税额。

非居民个人为对方税收居民个人，其取得的特许权使用费所得、稿酬所得或者劳务报酬所得可享受特许权使用费或者技术服务费协定待遇的，可按照税收协定规定的计税所得额和征税比例计算应纳税额。

五、关于无住所个人相关征管规定

（一）关于无住所个人预计境内居住时间的规定。

无住所个人在一个纳税年度内首次申报时，应当根据合同约定等情况预计一个纳税年度内境内居住天数以及在税收协定规定的期间内境内停留天数，按照预计情况计算缴纳税款。实际情况与预计情况不符的，分别按照以下规定处理：

1. 无住所个人预先判定为非居民个人，因延长居住天数达到居民个人条件的，一个纳税年度内税款扣缴方法保持不变，年度终了后按照居民个人有关规定办理汇算清缴，但该个人在当年离境且预计年度内不再入境的，可以选择在离境之前办理汇算清缴。

2. 无住所个人预先判定为居民个人，因缩短居住天数不能达到居民个人条件的，在不能达到居民个人条件之日起至年度终了 15 天内，应当向主管税务机关报告，按照非居民个人重新计算应纳税额，申报补缴税款，不加收税收滞纳金。需要退税的，按照规定办理。

3. 无住所个人预计一个纳税年度境内居住天数累计不超过 90 天，但实际累计居住天数超过 90 天的，或者对方税收居民个人预计在税收协定规定的期间内境内停留天数不超过 183 天，但实际停留天数超过 183 天的，待达到 90 天或者 183 天的月度终了后 15 天内，应当向主管税务机关报告，就以前月份工资薪金所得重新计算应纳税款，并补缴税款，不加收税收滞纳金。

（二）关于无住所个人境内雇主报告境外关联方支付工资薪金所得的规定。

无住所个人在境内任职、受雇取得来源于境内的工资薪金所得，凡境内雇主与境外单位或者个人存在关联关系，将本应由境内雇主支付的工资薪金所得，部分或者全部由境外关联方支付的，无住所个人可以自行申报缴纳税款，也可以委托境内雇主代为缴纳税款。无住所个人未委托境内雇主代为缴纳税款的，境内雇主应当在相关所得支付当月终了后 15 天内向主管税务机关报告相关信息，包括境内雇主与境外关联方对无住所个人的工作安排、境外支付情况以及无住所个人的联系方式等信息。

六、本公告自 2019 年 1 月 1 日起施行，非居民个人 2019 年 1 月 1 日后取得所得，按原有规定多缴纳税款的，可以依法申请办理退税。下列文件或者文件条款于 2019 年 1 月 1 日废止：

（一）《财政部税务总局关于对临时来华人员按实际居住日期计算征

免个人所得税若干问题的通知》(（88）财税外字第 059 号);

（二)《国家税务总局关于在境内无住所的个人取得工资薪金所得纳税义务问题的通知》(国税发〔1994〕148 号);

（三)《财政部 国家税务总局关于在华无住所的个人如何计算在华居住满五年问题的通知》(财税字〔1995〕98 号);

（四)《国家税务总局关于在中国境内无住所的个人计算缴纳个人所得税若干具体问题的通知》(国税函发〔1995〕125 号)第一条、第二条、第三条、第四条;

（五)《国家税务总局关于在中国境内无住所的个人缴纳所得税涉及税收协定若干问题的通知》(国税发〔1995〕155 号);

（六)《国家税务总局关于在中国境内无住所的个人取得奖金征税问题的通知》(国税发〔1996〕183 号);

（七)《国家税务总局关于三井物产（株）大连事务所外籍雇员取得数月奖金确定纳税义务问题的批复》(国税函〔1997〕546 号);

（八)《国家税务总局关于外商投资企业和外国企业对境外企业支付其雇员的工资薪金代扣代缴个人所得税问题的通知》(国税发〔1999〕241 号);

（九)《国家税务总局关于在中国境内无住所个人取得不在华履行职务的月份奖金确定纳税义务问题的通知》(国税函〔1999〕245 号);

（十)《国家税务总局关于在中国境内无住所个人以有价证券形式取得工资薪金所得确定纳税义务有关问题的通知》(国税函〔2000〕190 号);

（十一）《国家税务总局关于在境内无住所的个人执行税收协定和个人所得税法若干问题的通知》（国税发〔2004〕97号）；

（十二）《国家税务总局关于调整个人取得全年一次性奖金等计算征收个人所得税方法问题的通知》（国税发〔2005〕9号）第六条；

（十三）《国家税务总局关于在境内无住所个人计算工资薪金所得缴纳个人所得税有关问题的批复》（国税函〔2005〕1041号）；

（十四）《国家税务总局关于在中国境内担任董事或高层管理职务无住所个人计算个人所得税适用公式的批复》（国税函〔2007〕946号）。

特此公告。

附件：按月换算后的综合所得税率表（略）

财政部 税务总局

2019年3月14日

国家税务总局关于发布《非居民纳税人享受协定待遇管理办法》的公告

（国家税务总局公告 2019 年第 35 号）

为深化“放管服”改革，进一步优化税收营商环境，提高非居民纳税人享受协定待遇的便捷性，国家税务总局制定了《非居民纳税人享受协定待遇管理办法》，现予发布，自 2020 年 1 月 1 日起施行。

特此公告。

附件：非居民纳税人享受协定待遇信息报告表（略）

国家税务总局

2019 年 10 月 14 日

非居民纳税人享受协定待遇管理办法

第一章　总　则

第一条　为执行中华人民共和国政府签署的避免双重征税协定（以下简称“税收协定”）和国际运输协定税收条款，规范非居民纳税人享受协定待遇管理，根据《中华人民共和国企业所得税法》（以下简称“企业所得税法”）及其实施条例、《中华人民共和国个人所得税法》及其实施条例、《中华人民共和国税收征收管理法》（以下简称“税收征管法”）及其实施细则（以下统称“国内税收法律规定”）的有关规定，制定本办法。

第二条　在中国境内发生纳税义务的非居民纳税人需要享受协定待遇的，适用本办法。

第三条　非居民纳税人享受协定待遇，采取“自行判断、申报享受、相关资料留存备查”的方式办理。非居民纳税人自行判断符合享受协定待遇条件的，可在纳税申报时，或通过扣缴义务人在扣缴申报时，自行享受协定待遇，同时按照本办法的规定归集和留存相关资料备查，并接受税务机关后续管理。

第四条　本办法所称非居民纳税人，是指按照税收协定居民条款规定应为缔约对方税收居民的纳税人。

本办法所称协定包括税收协定和国际运输协定。国际运输协定包括中华人民共和国政府签署的航空协定、海运协定、道路运输协定、汽车运输协定、互免国际运输收入税收协议或换函以及其他关于国际运输的协定。

本办法所称协定待遇，是指按照协定可以减轻或者免除按照国内税收法律规定应当履行的企业所得税、个人所得税纳税义务。

本办法所称扣缴义务人，是指按国内税收法律规定，对非居民纳税人来源于中国境内的所得负有扣缴税款义务的单位或个人，包括法定扣缴义务人和企业所得税法规定的指定扣缴义务人。

本办法所称主管税务机关，是指按国内税收法律规定，对非居民纳税人在中国的纳税义务负有征管职责的税务机关。

第二章　协定适用和纳税申报

第五条　非居民纳税人自行申报的，自行判断符合享受协定待遇条件且需要享受协定待遇，应在申报时报送《非居民纳税人享受协定待遇信息报告表》（见附件），并按照本办法第七条的规定归集和留存相关资料备查。

第六条　在源泉扣缴和指定扣缴情况下，非居民纳税人自行判断符合享受协定待遇条件且需要享受协定待遇的，应当如实填写《非居民纳税人享受协定待遇信息报告表》，主动提交给扣缴义务人，并按照本办法第七条的规定归集和留存相关资料备查。

扣缴义务人收到《非居民纳税人享受协定待遇信息报告表》后，确认非居民纳税人填报信息完整的，依国内税收法律规定和协定规定扣缴，并如实将《非居民纳税人享受协定待遇信息报告表》作为扣缴申报的附表报送主管税务机关。

非居民纳税人未主动提交《非居民纳税人享受协定待遇信息报告表》给扣缴义务人或填报信息不完整的，扣缴义务人依国内税收法律规定扣缴。

第七条 本办法所称留存备查资料包括：

（一）由协定缔约对方税务主管当局开具的证明非居民纳税人取得所得的当年度或上一年度税收居民身份的税收居民身份证明；享受税收协定国际运输条款或国际运输协定待遇的，可用能够证明符合协定规定身份的证明代替税收居民身份证明；

（二）与取得相关所得有关的合同、协议、董事会或股东会决议、支付凭证等权属证明资料；

（三）享受股息、利息、特许权使用费条款协定待遇的，应留存证明“受益所有人”身份的相关资料；

（四）非居民纳税人认为能够证明其符合享受协定待遇条件的其他资料。

第八条 非居民纳税人对《非居民纳税人享受协定待遇信息报告表》填报信息和留存备查资料的真实性、准确性、合法性承担法律责任。

第九条 非居民纳税人发现不应享受而享受了协定待遇，并少缴或未缴税款的，应当主动向主管税务机关申报补税。

第十条 非居民纳税人可享受但未享受协定待遇而多缴税款的，可在税收征管法规定期限内自行或通过扣缴义务人向主管税务机关要求退还多缴税款，同时提交本办法第七条规定的资料。

主管税务机关应当自接到非居民纳税人或扣缴义务人退还多缴税款申请之日起30日内查实，对符合享受协定待遇条件的多缴税款办理退还手续。

第十一条 非居民纳税人享受协定待遇留存备查资料应按照税收征管法及其实施细则规定的期限保存。

第三章 税务机关后续管理

第十二条 各级税务机关应当对非居民纳税人享受协定待遇开展后续管理，准确执行协定，防范协定滥用和逃避税风险。

第十三条 主管税务机关在后续管理时，可要求非居民纳税人限期提供留存备查资料。

主管税务机关在后续管理或税款退还查实工作过程中，发现依据本办法第七条规定的资料不足以证明非居民纳税人符合享受协定待遇条件，或非居民纳税人存在逃避税嫌疑的，可要求非居民纳税人或扣缴义务人限期提供相关资料并配合调查。

第十四条 本办法规定的资料原件为外文文本的，按照主管税务机关要求提供时，应当附送中文译本，并对中文译本的准确性和完整性负责。

非居民纳税人、扣缴义务人可以向主管税务机关提供资料复印件，但是应当在复印件上标注原件存放处，加盖报告责任人印章或签章。主管税务机关要求报验原件的，应报验原件。

第十五条 非居民纳税人、扣缴义务人应配合主管税务机关进行非居民纳税人享受协定待遇的后续管理与调查。非居民纳税人、扣缴义务人均未按照税务机关要求提供相关资料，或逃避、拒绝、阻挠税务机关进行后续调查，主管税务机关无法查实其是否符合享受协定待遇条件的，应视为不符合享受协定待遇条件。

第十六条 非居民纳税人不符合享受协定待遇条件而享受了协定待遇且未缴或少缴税款的，除因扣缴义务人未按本办法第六条规定扣缴申报外，视为非居民纳税人未按照规定申报缴纳税款，主管税务机关依法追缴税款并追究非居民纳税人延迟纳税责任。在扣缴情况下，税款延迟缴纳期限自扣缴申报享受协定待遇之日起计算。

第十七条 扣缴义务人未按本办法第六条规定扣缴申报，或者未按本办法第十三条规定提供相关资料，发生不符合享受协定待遇条件的非居民纳税人享受协定待遇且未缴或少缴税款情形的，主管税务机关依据有关规定追究扣缴义务人责任，并责令非居民纳税人限期缴纳税款。

第十八条 依据企业所得税法第三十九条规定，非居民纳税人未依法缴纳税款的，主管税务机关可以从该非居民纳税人在中国境内其他收入项目的支付人应付的款项中，追缴该非居民纳税人的应纳税款。

第十九条 主管税务机关在后续管理或税款退还查实工作过程中，发现不能准确判定非居民纳税人是否可以享受协定待遇的，应当向上级税务机关报告；需要启动相互协商或情报交换程序的，按有关规定启动相应程序。

第二十条 本办法第十条所述查实时间不包括非居民纳税人或扣缴义务人补充提供资料、个案请示、相互协商、情报交换的时间。税务机关因上述原因延长查实时间的，应书面通知退税申请人相关决定及理由。

第二十一条 主管税务机关在后续管理过程中，发现需要适用税收协定主要目的测试条款或国内税收法律规定中的一般反避税规则的，适用一般反避税相关规定。

第二十二条 主管税务机关应当对非居民纳税人不当享受协定待遇情况建立信用档案，并采取相应后续管理措施。

第四章 附 则

第二十三条 协定与本办法规定不同的，按协定执行。

第二十四条 非居民纳税人需要享受内地与香港、澳门特别行政区签署的避免双重征税安排待遇的，按照本公告执行。

第二十五条 本办法自 2020 年 1 月 1 日起施行。《非居民纳税人享受税收协定待遇管理办法》（国家税务总局公告 2015 年第 60 号发布，国家税务总局公告 2018 年第 31 号修改）同时废止。

财政部 税务总局关于境外所得有关个人所得税政策的公告

（财政部 税务总局公告2020年第3号）

为贯彻落实《中华人民共和国个人所得税法》和《中华人民共和国个人所得税法实施条例》（以下称个人所得税法及其实施条例），现将境外所得有关个人所得税政策公告如下：

一、下列所得，为来源于中国境外的所得：

（一）因任职、受雇、履约等在中国境外提供劳务取得的所得；

（二）中国境外企业以及其他组织支付且负担的稿酬所得；

（三）许可各种特许权在中国境外使用而取得的所得；

（四）在中国境外从事生产、经营活动而取得的与生产、经营活动相关的所得；

（五）从中国境外企业、其他组织以及非居民个人取得的利息、股息、红利所得；

（六）将财产出租给承租人在中国境外使用而取得的所得；

（七）转让中国境外的不动产、转让对中国境外企业以及其他组织投资形成的股票、股权以及其他权益性资产（以下称权益性资产）或者在中国境外转让其他财产取得的所得。但转让对中国境外企业以及其他组织投资形成的权益性资产，该权益性资产被转让前三年（连续36个公历月份）内的任一时间，被投资企业或其他组织的资产公允价值50%以上直接或间接来自位于中国境内的不动产的，取得的所得为来源于中国境内的所得；

（八）中国境外企业、其他组织以及非居民个人支付且负担的偶然所得；

（九）财政部、税务总局另有规定的，按照相关规定执行。

二、居民个人应当依照个人所得税法及其实施条例规定，按照以下方法计算当期境内和境外所得应纳税额：

（一）居民个人来源于中国境外的综合所得，应当与境内综合所得合并计算应纳税额；

（二）居民个人来源于中国境外的经营所得，应当与境内经营所得合并计算应纳税额。居民个人来源于境外的经营所得，按照个人所得税法及其实施条例的有关规定计算的亏损，不得抵减其境内或他国（地区）的应纳税所得额，但可以用来源于同一国家（地区）以后年度的经营所得按中国税法规定弥补；

（三）居民个人来源于中国境外的利息、股息、红利所得，财产租赁所得，财产转让所得和偶然所得（以下称其他分类所得），不与境内所得合并，应当分别单独计算应纳税额。

三、居民个人在一个纳税年度内来源于中国境外的所得，依照所得来源国家（地区）税收法律规定在中国境外已缴纳的所得税税额允许在抵免限额内从其该纳税年度应纳税额中抵免。

居民个人来源于一国（地区）的综合所得、经营所得以及其他分类所得项目的应纳税额为其抵免限额，按照下列公式计算：

（一）来源于一国（地区）综合所得的抵免限额 = 中国境内和境外综合所得依照本公告第二条规定计算的综合所得应纳税额 × 来源于该国（地区）的综合所得收入额 ÷ 中国境内和境外综合所得收入额合计

（二）来源于一国（地区）经营所得的抵免限额 = 中国境内和境外经营所得依照本公告第二条规定计算的经营所得应纳税额 × 来源于该国（地区）的经营所得应纳税所得额 ÷ 中国境内和境外经营所得应纳税所得额合计

（三）来源于一国（地区）其他分类所得的抵免限额 = 该国（地区）的其他分类所得依照本公告第二条规定计算的应纳税额

（四）来源于一国（地区）所得的抵免限额 = 来源于该国（地区）综合所得抵免限额 + 来源于该国（地区）经营所得抵免限额 + 来源于该国（地区）其他分类所得抵免限额

四、可抵免的境外所得税税额，是指居民个人取得境外所得，依照该所得来源国（地区）税收法律应当缴纳且实际已经缴纳的所得税性质的税额。可抵免的境外所得税税额不包括以下情形：

（一）按照境外所得税法律属于错缴或错征的境外所得税税额；

（二）按照我国政府签订的避免双重征税协定以及内地与香港、澳门签订的避免双重征税安排（以下统称税收协定）规定不应征收的境外所得税税额；

（三）因少缴或迟缴境外所得税而追加的利息、滞纳金或罚款；

（四）境外所得税纳税人或者其利害关系人从境外征税主体得到实际返还或补偿的境外所得税税款；

（五）按照我国个人所得税法及其实施条例规定，已经免税的境外所得负担的境外所得税税款。

五、居民个人从与我国签订税收协定的国家（地区）取得的所得，按照该国（地区）税收法律享受免税或减税待遇，且该免税或减税的数额按照税收协定饶让条款规定应视同已缴税额在中国的应纳税额中抵免的，该免税或减税数额可作为居民个人实际缴纳的境外所得税税额按规定申报税收抵免。

六、居民个人一个纳税年度内来源于一国（地区）的所得实际已经缴纳的所得税税额，低于依照本公告第三条规定计算出的来源于该国（地区）该纳税年度所得的抵免限额的，应以实际缴纳税额作为抵免额进行抵免；超过来源于该国（地区）该纳税年度所得的抵免限额的，应在限额内进行抵免，超过部分可以在以后五个纳税年度内结转抵免。

七、居民个人从中国境外取得所得的，应当在取得所得的次年3月1日至6月30日内申报纳税。

八、居民个人取得境外所得，应当向中国境内任职、受雇单位所在地主管税务机关办理纳税申报；在中国境内没有任职、受雇单位的，向户籍所在地或中国境内经常居住地主管税务机关办理纳税申报；户籍所在地与中国境内经常居住地不一致的，选择其中一地主管税务机关办理纳税申报；在中国境内没有户籍的，向中国境内经常居住地主管税务机关办理纳税申报。

九、居民个人取得境外所得的境外纳税年度与公历年度不一致的，取得境外所得的境外纳税年度最后一日所在的公历年度，为境外所得对应的我国纳税年度。

十、居民个人申报境外所得税收抵免时，除另有规定外，应当提供境外征税主体出具的税款所属年度的完税证明、税收缴款书或者纳税记录等纳税凭证，未提供符合要求的纳税凭证，不予抵免。

居民个人已申报境外所得、未进行税收抵免，在以后纳税年度取得纳税凭证并申报境外所得税收抵免的，可以追溯至该境外所得所属纳税年度进行抵免，但追溯年度不得超过五年。自取得该项境外所得的五个年度内，境外征税主体出具的税款所属纳税年度纳税凭证载明的实际缴纳税额发生变化的，按实际缴纳税额重新计算并办理补退税，不加收税收滞纳金，不退还利息。

纳税人确实无法提供纳税凭证的，可同时凭境外所得纳税申报表（或者境外征税主体确认的缴税通知书）以及对应的银行缴款凭证办理境外所得抵免事宜。

十一、居民个人被境内企业、单位、其他组织（以下称派出单位）派往境外工作，取得的工资薪金所得或者劳务报酬所得，由派出单位或者其他境内单位支付或负担的，派出单位或者其他境内单位应按照个人所得税法及其实施条例规定预扣预缴税款。

居民个人被派出单位派往境外工作，取得的工资薪金所得或者劳务报酬所得，由境外单位支付或负担的，如果境外单位为境外任职、受雇的中方机构（以下称中方机构）的，可以由境外任职、受雇的中方机构预扣税款，并委托派出单位向主管税务机关申报纳税。中方机构未预扣税款的或者境外单位不是中方机构的，派出单位应当于次年 2 月 28 日前向其主管税务机关报送外派人员情况，包括：外派人员的姓名、身份证件类型及身份证件号码、职务、派往国家和地区、境外工作单位名称和地址、派遣期限、境内外收入及缴税情况等。

中方机构包括中国境内企业、事业单位、其他经济组织以及国家机关所属的境外分支机构、子公司、使（领）馆、代表处等。

十二、居民个人取得来源于境外的所得或者实际已经在境外缴纳的所得税税额为人民币以外货币，应当按照《中华人民共和国个人所得税法实施条例》第三十二条折合计算。

十三、纳税人和扣缴义务人未按本公告规定申报缴纳、扣缴境外所得个人所得税以及报送资料的，按照《中华人民共和国税收征收管理法》和个人所得税法及其实施条例等有关规定处理，并按规定纳入个人纳税信用管理。

十四、本公告适用于 2019 年度及以后年度税收处理事宜。以前年度尚未抵免完毕的税额，可按本公告第六条规定处理。下列文件或文件条款同时废止：

1.《财政部 国家税务总局关于个人股票期权所得征收个人所得税问题的通知》（财税〔2005〕35 号）第三条

2.《国家税务总局关于境外所得征收个人所得税若干问题的通知》（国税发〔1994〕44号）

3.《国家税务总局关于企业和个人的外币收入如何折合成人民币计算缴纳税款问题的通知》（国税发〔1995〕173号）

特此公告。

财政部 税务总局

2020年1月17日

后　记

有人说，因为一个人爱上一座城，而我想说，因为一个税种，爱上一个系统。

2006年，我走出长春税务学院的校门，穿上了蓝色税装。时光流逝，虽已走过14个春秋，但当初的喜悦记忆犹新。在过去的税月中，我迷茫过，彷徨过，也曾反复地问过自己：我的初心是什么？沉淀下来，我想，我的初心应该是：以最专业的税收知识回报我的母校，致敬我的岗位，服务于纳税人。

2019年是我国个人所得税税制上十分不平凡的一年，个人所得税从旧的分类税制走向了分类与综合相结合的新的税制模式；对于我来说，2019年更是非常重要的一年。作为一名在基层从事个税工作多年的税务干部，能够有机会参加国家税务总局个人所得税税改组工作，我深感荣幸。这期间的工作，忙碌而充实，汗水中始终洋溢着热情与激情。我在工作中学习着，在学习中前进着，在前进中幸福着。因此，在这里，我要特别感谢领导和身边每一位同事的帮助与支持。

本次个人所得税税制改革，个人所得税政策的涉外部分从居民身份的认定条件到收入额的确认、税款的计算以及境外所得的抵免等诸多政策规定都发生了较大的变化。因此在日常工作中，我注意整理涉外政策中的相关疑难点，收集实务案例，将“走出去”的居民个人以及“走进来”的无住所个人的涉税问题进行了系统的梳理，从而有了写这本《涉外个人所得税：新政详解与实务案例》的想法。本书的顺利出版，得到了各方面的大力支持和帮助，特别感谢田芳、张妍、赵丰、李万乾和张钊在百忙之中所做的校对工作；中国市场出版社胡超平副总编辑等几位老师也对本书的出版付出了辛勤的劳动，在此表示衷心的感谢。

在家庭中，我也是妻子，是女儿，是两个孩子的母亲。由于工作十分忙碌，大部分书稿都是在深夜或者凌晨完成的。还记得，有一次为了赶周一第一班飞北京的航班，我凌晨 4 点从家里出发，拖着行李箱准备奔赴机场，开门离家的一刹那，听到了小女儿的哭声：“哇，姐姐，你快醒醒，妈妈又走了……”因此，在这里还要特别感谢爱人、家人的付出。

我相信，梅花香自苦寒来。我相信，山再高，往上攀，总能登顶；路再长，走下去，定能到达。我更相信，在政策研究的道路上，经历了“昨夜西风凋碧树，独上高楼，望尽天涯路”的困惑，经历了“衣带渐宽终不悔，为伊消得人憔悴”的努力，定能达到“众里寻他千百度，蓦然回首，那人却在灯火阑珊处”的融会贯通。

未来的日子，愿你我心中仍有桃花源，处处皆是水云涧。

孙　彤